AF239254

Jodokus Rauschebart

Lachen und Staunen über Mathematik

Jodokus Rauschebart

LACHEN UND STAUNEN ÜBER MATHEMATIK

schmunzelndes Nachdenken erwünscht

Bibliografische Information der Deutschen Nationalbibliothek: Die Deutsche Nationalbibliothek verzeichnet diese Publikation in der Deutschen Nationalbibliografie; detaillierte bibliografische Daten sind im Internet über http://dnb.dnb.de abrufbar.

Die automatisierte Analyse des Werkes, um daraus Informationen insbesondere über Muster, Trends und Korrelationen gemäß §44b UrhG („Text und Data Mining") zu gewinnen, ist untersagt.

Verlag: BoD · Books on Demand GmbH, Überseering 33, 22297 Hamburg, bod@bod.de

Druck: Libri Plureos GmbH, Friedensallee 273, 22763 Hamburg

ISBN: 978-3-7693-2895-0

Inhaltsverzeichnis

Unvermeidliche Vorbemerkungen

Haben Mathematiker überhaupt keinen Humor, wie es häufig heißt ? Zugegeben, nicht alle Mathematiker sind so souverän, dass sie über sich selbst, über ihre Tätigkeit oder über ihr Fach lachen können. Kursieren vielleicht deshalb so viele Witze über Mathematik, über kauzige Professoren und ihre für Nicht-Mathematiker manchmal so sinnlos erscheinende Tätigkeit ? Zum Glück gibt es aber auch Mathematiker, die Anekdoten, Aussprüche oder besonders humorige Anmerkungen bei Vorlesungen, Seminaren, Vorträgen, Tagungen, an Instituten oder über Medien sammeln und weitergegeben, deren Ursprung meist nicht mehr exakt zu eruieren ist, ihre Urheber ebenso wenig. Diesem Humor sind die ersten 10 Kapitel unter dem Motto „Lachen, Lächeln, Schmunzeln und auch Staunen" gewidmet.

Wie schnell aus dem Lachen, Lächeln oder Schmunzeln ein Staunen entstehen kann, hat vielleicht schon manch ein Lesender selber entdeckt. "Das Staunen ist eine Sehnsucht nach Wissen.", sagte schon Thomas von Acquin (1225 - 1274) und für Francis Bacon (1561 – 1626) war „Staunen der Same des Wissens". Erklärt sich so das Interesse von Menschen des Typs Homo Mathematicus an ihren für andere Mitmenschen so mysteriös und unverständlich erscheinenden Forschungsobjekten, Methoden und ihre für viele so überzogen klingende Fachsprache ? Staunen Nicht-Mathematiker über Mathematiker und das, was sie tun, was „normale" Menschen meist für überflüssig, unnatürlich bis hin zu verrückt halten ? Ab Kapitel 11 werden unter dem Motto „Staunen, aber dabei das Lachen, Lächeln und Schmunzeln nicht vergessen" Situationen aufgezeichnet, die zum Staunen geeignet sind. „Werde wieder wie ein staunendes Kind, das die Welt entdeckt. Und das jeden Tag.", sagt ein Sprichwort aus Tibet. Also werden wir wieder zu Lernenden, lassen uns in die Welt des Homo Mathematicus der Untergruppe ludens et ridens entführen, lachen und staunen über Dinge, die zum Staunen, aber auch zum Nachdenken, Schmunzeln oder Lächeln geeignet sind, und entdecken dabei Neues, uns bisher nicht Vertrautes und verstehen dabei hoffentlich auch das eine oder andere.

Die seit langem gesammelten Beiträge werden mit unmaßgeblichen Kommentaren von Jodokus Rauschebart, diesem virtuellen Dr. h.c. (humoris causa, was denn sonst !) und Lehrbeauftragten für soziometrischen Unfug an der ebenso virtuellen Universität Cocolores, angereichert. Gerade diese Anmerkungen sollen der "normal" denkenden Welt ein wenig zum Verständnis der angesprochenen Sachverhalte, der Mathematik und der Mathematik treibenden Spezies Mensch verhelfen, was sich in einer Art Kolumne, eine Zeit lang in einem sogenannten sozialen Netzwerk betrieben, bereits bewährt hat. Einige Exponate der in Jahrzehnten aufgebauten Motivsammlung und aus der Wunschliste werden zur Illustration verwendet.

Dieses Buch ist eine erweiterte, gründlich überarbeitete und bebilderte Ausführung meines E-Books „Lachen über Mathematik und anderer Unsinn" (ISBN 978-3-738 625 837), das zwar in 15. Auflage noch weiter erhältlich ist, aber nicht mehr weiterbearbeitet wird, und auch meines E-Books „Lachen und Staunen über Mathematik – schmunzelndes Nachdenken erwünscht" (ISBN 978-3-752 669 459), das durch diese Neubearbeitung ersetzt wird.

Hinweis : Nach der ersten „Unmaßgeblichen Anmerkung von Jodokus Rauschebart" wird zur Entlastung der Lesenden, zum Fördern des Leseflusses und zur Konzentration auf Wesentliches nur noch die Abkürzung „Anmerkung" benutzt, deren beabsichtigter Charakter aber beibehalten wird.

1. Neuauflage als Buch und E-Book

Cocolores, im Jahre 2025

Teil I : Lachen, Schmunzeln und auch Staunen

Kapitel 1 : Bei Brüchen wird es richtig brüchig

„Und merk Dir ein für allemal den wichtigsten von allen Sprü-
chen : Es liegt Dir kein Geheimnis in der Zahl, allein ein großes
in den Brüchen."

Sagt der Küchenchef zu seinem Lehrling : "Nimm 2 Drittel Wasser, 1 Drittel Brühe und 1 Drittel Sahne." Lehrling : "Aber Chef, das sind ja schon 4 Drittel." Chef : "Dann nimm einfach einen größeren Topf."

Unmaßgebliche Anmerkung von Jodokus Rauschebart : Der Lehrling denkt mit und kann formal gut rechnen. Das ist positiv, aber reicht das als Qualifikation aus ? Die Angaben des Küchenchefs müssen wir auf die Realität beziehen. Auf welchen Topf (welche Topfgröße) beziehen sich die angegebenen Drittel ? Hier kommt die Erfahrung des Küchenchefs ins Spiel. Der weiß, dass der Topf, auf den er seine Drittelung bezieht, zwar für die Drittelung geeignet, aber für die ganze Mischung zu klein und mit einem entsprechend größeren Topf das Problem gelöst ist. Rechnen können allein reicht heutzutage nicht mehr aus. Vorstellungsvermögen, Fantasie und Übertragen auf die Realität sind erforderlich und gefragt.

Als damals ein deutscher Fußball-Nationalspieler, der als einer der ersten deutschen Fußballer sein Brot in Italien verdiente, ein Angebot eines anderen italienischen Vereins erhielt, lehnte er mit den berühmt gewordenen Sätzen ab : "Ein Drittel mehr, datt wollen Se mich jeeben. Datt iss mich fill zu weenich. Ein Viertel mehr iss ett mindeste. Datt iss ett, watt ich will, dann iss ett juuut."

Anmerkung : Also Fritz Walter (1920 - 2002) war es nicht, der hat ja auch alle Angebote aus dem Ausland abgelehnt. Aber wenn ich einen Fußballer hier im Bild zeige, dann ihn, den Held meiner Jugend, und einen weiteren. Tja, wenn es in die Brüche geht, dann geht es häufig so richtig in dieselben. Pisa-Tests zeigen das deutlich. 4 ist ohne Zweifel größer als 3. Für manchen ist es aber bereits schwer einzusehen, dass ein Viertel kleiner ist als ein Drittel, erst recht in diesem Fall für einen ehemaligen Bergmann aus dem Pütt, der einseitig nur sein fußballerisches Können bis zur Weltklasse gesteigert hatte. Dabei kann das alles doch so einfach an einer Pizza demonstriert werden, vor allem, wenn man damals in Italien Fußball spielte.

Schlagzeile einer Zeitung : "Vier von drei Deutschen können nicht rechnen."

12 von 8 Menschen sind mit Mathematik total überfordert.

Anmerkung : Ja, wer nicht rechnen kann, muss mit allem rechnen. Peinlich war es schon, als vor Jahren ausgerechnet eine Privatschule kritiklos diesen Slogan aufgriff, um Werbung in eigener Sache zu machen, vor allem für ihren Mathematikunterricht, der dem in der Schlagzeile behaupteten Übel wirkungsvoll Abhilfe schaffen sollte. Ob sich diese Schule an dem gerade erwähnten Fußballprofi orientiert hat, dem ein Drittel mehr Geld zu wenig war, der erst zufrieden war, als ihm ein Viertel mehr zugesichert wurde ?

Fragt der Pizzaverkäufer einen kleinen Jungen : "Soll ich Dir die Pizza in 4 oder in 8 Stücke schneiden ?" Antwort : "Machen Sie vier. Acht schaffe ich doch nicht."

Anmerkung : Also ehrlich, schmunzelst Du jetzt auch ? Mathematikdidaktiker empfehlen, im Unterricht Brüche durch Pizzen zu veranschaulichen, weil das geradezu ein Paradebeispiel ist, an dem man viel veranschaulichen und lernen kann, auch auf die Gefahr hin, dass dann dabei so etwas wie in diesem Witz als Ergebnis herauskommt.

Ein Lehrer soll verbeamtet werden und muss daher eine Vorführstunde geben, an der der Schulleiter und ein Vertreter der Schulaufsicht als interessierte Zuhörer und Zuschauer teilnehmen. In seiner Klasse behandelt er gerade Bruchrechnung. Der Lehrer redet sehr viel selber, statt seine Schülerinnen und Schüler zu Wort kommen zu lassen. Daher stellt am Ende der Vertreter der Schulaufsicht einem Schüler, der bis jetzt noch nichts gesagt hat, die Frage : „Wenn Dir am Kiosk 3/5 Pizza oder 9/15 Pizza angeboten werden. Wofür würdest Du Dich entscheiden ?" „Na klar, für 9/15 Pizza, da hab ich mehr von." „Falsch, ich würde beide nehmen, damit ich satt werde.", ruft ein anderer ungefragt dazwischen.

Anmerkung : Tja, da sollte nur getestet werden, wie es um die Kenntnis des Erweiterns und Kürzens von Brüchen geht, und ob angemessene Vorstellungen dazu existieren. Und dann gibt es solche Antworten, über die wir zumindest schmunzeln können. Dabei wird doch gerade von Mathematikdidaktikern die Veranschaulichung von Brüchen durch Pizzen so stark propagiert. Warum hat der Lehrer in solch einer wichtigen Stunde so viel selber gemacht statt seine Lernenden zu Wort kommen und zur Tat schreiten zu lassen ? Traut er seinem eigenen Unterricht keinen Erfolg und auch seinen Schülerinnen und Schülern nichts zu ? Welche Antworten wären wohl bei folgender Aufgabe genannt worden : „Teile 60 durch ½ und addiere zum Ergebnis 10.“ ?

Nur in der Schule und in Schulbüchern gibt es doch so wundervoll lebensnahe Aufgaben wie : "Wenn anderthalb Hühner in anderthalb Tagen anderthalb Eier legen, wie viele Eier legt dann ein einziges Huhn an einem einzigen Tag ?"

Anmerkung : Wenn da nicht alle Hühner lachen, nicht nur das Sachsenhuhn ! Auch ich kann mir ein lautes Lachen nicht verkneifen. Aber ehrlich, hast Du eine Lösung herausgefunden ? Und wenn ja, welche. Gewisse Aufgaben des Zentralabiturs oder in Pisa-Tests sind zwar thematisch in anderen Gebieten der Schulmathematik angesiedelt. Aber sind sie von der Fragestellung her nicht aus einem ähnlichen Holz geschnitzt, vor allem dann, wenn es danach zu Protesten und viel unterzeichneten Petitionen führt, weil die Aufgabensteller ihren Hobbies gefolgt und übers Ziel hinaus geschossen sind ?

15% der Männer glauben, ihr bestes Stück sei zu kurz, die übrigen 85%, dass mit dem Lineal oder Maßband irgendwas nicht stimmt.

Anmerkung : Auch so können Vorurteile, aber auch Minderwertigkeitskomplexe formuliert werden, vor allem wenn es einen hohen Erwartungsdruck gibt. Aber ehrlich : Haben Frauen nicht nur Vorurteile über Männer, die sie wie im obigen Spruch gerne ausdrücken, sondern viel mehr noch über ihre eigene Figur ?

Fragt der Lehrer : „Wenn ich ein Stück Fleisch in zwei gleiche Teile teile, was habe ich dann ? Ein Schüler antwortet : „Halbe.“ „Und wenn ich dann jedes halbe Teil wieder in genau zwei gleiche Teile teile ?“ Anderer Schüler : „Viertel.“ Der Lehrer fährt fort und ist bei den Zweiunddreißigsteln angelangt. „Und wenn ich jetzt jedes Zweiunddreißigstel in zwei gleiche Teile teile ?“ Fritzchen : „Gehacktes !“

Anmerkung : „Mer kann och övverdrieve“, sagen die Kölner. Recht haben sie. Wer so tut, als ginge es real immer so weiter, der irrt sich sehr, wie dies Beispiel zeigt. Das immer weiter teilen können ist eine Modellvorstellung, und solch eine Vorstellung muss langsam an den richtigen Beispielen in Schülerköpfen wachsen. Da darf man dann nicht wie beim Gras versuchen, das Wachstum des Grashalms durch Ziehen am Halm zu beschleunigen. Der Halm wächst dadurch nicht, sondern bricht an den eingebauten Sollbruchstellen ab. Aber wer befolgt schon gerne die Ratschläge erfahrener Pädagogen ? Außerdem hätten wir ja auch noch „Gulasch" oder „Geschnetzeltes" als mögliche Antworten parat. Und nicht vergessen : Teilen nach dem Vorbild von Martin von Tours (317 - 397) gehört auch zur Erziehung Heranwachsender.

Es ist bemerkenswert, dass nur vielleicht 10% aller Programmierer strukturierte Programme erfolgreich schreiben können. Unglücklicherweise glauben aber 90% aller Programmierer, dass sie der Gruppe dieser 10% angehören.

Anmerkung : Dieser Spruch wird Rodnay Zaks (geboren 1946), einem erfolgreichen US-amerikanischen Programmierer, zugeschrieben. Er kommt mir immer den Sinn, wenn ich ein Programm dieser 90 % ausführe und dabei nicht in Frohlocken ausbreche. Und Lesende dürfen ruhig raten, in wie viel Prozent aller Fälle dies wohl ist. Alan Turing (1912 - 1954) wird folgendes Zitat nachgesagt : „Programmieren ist eine Fähigkeit, die am besten durch Übung und Ausprobieren und nicht aus Büchern erworben wird." Nur frage ich mich, warum es dann so viele Bücher zum Programmieren gibt.

Frage : "Wie entstand der Urknall, mit dem das Weltall entstand ?"
Antwort : "Da hat Gott durch Null dividiert."

Anmerkung : Was würde wohl Georges Lemaître (1894 - 1966), der als Begründer der Urknalltheorie gilt, zu dieser Antwort sagen ? Schließlich war er nicht nur Wissenschaftler, sondern auch Priester. Müssen Mathematiker sich und ihre Wissenschaft so sehr in den Vordergrund stellen ? Auch wenn bekanntlich mit der Division durch Null so manches in die Brüche geht und humorvoll viel Allotria getrieben werden kann.

In der Mathematik kann überzeugend begründet werden, warum man nicht durch 0 dividieren kann und darf. In der Praxis kann es aber vorkommen, dass durch 0 geteilt werden muss. Wo ist dies der Fall ?

Anmerkung : Ein Tipp : Es gibt ein Erbschaftsproblem, bei dem die Division durch Null (Verteilung auf Null) per Gesetz geregelt wird. Natürlich gibt es da einen Nutznießer; denn immer, wenn es etwas zu holen gibt, ist der Staat zur Stelle, so dass eine Division durch 0 quasi „par ordre du mufti" nicht vorkommen kann. Die Auflösung wird in Kapitel 20 gegeben. Auf das Motto von Kapitel 6, das diese Thematik mathematisch aufgreift, weise ich ganz besonders hin.

Kapitel 2 : Zahlentheorie - völlig nutzlos ?

„Die Zahl ist das Wesen aller Dinge."

(Pythagoras von Samos, ca. 570 – 510 v. Chr.)

Ein Mathematik-Professor schreibt seiner Ehefrau und lässt das Schreiben auf dem Esszimmertisch liegen :

"Meine allerliebste Ehefrau,
wir sind jetzt beinahe 30 Jahre verheiratet und ich liebe Dich immer noch. Allerdings bist Du 54 Jahre alt und kannst manche meiner Bedürfnisse nicht mehr erfüllen. Du bist hoffentlich nicht zu sehr verletzt, denn ich bin jetzt mit einer 18jährigen Studentin in einem Hotel. Ich werde vor Mitternacht wieder zurück sein.
Dein Ehemann, der Dich immer lieben wird."

Der Professor kommt kurz vor Mitternacht nach Hause und findet dort einen Brief seiner Frau vor. Sie schreibt :
"Mein geliebter Ehemann,
Du weißt, dass Du 54 Jahre alt bist und nicht mehr alle meine Bedürfnisse befriedigen kannst. Du bist hoffentlich nicht zu sehr verletzt, denn ich bin jetzt mit einem 18jährigen Schwimmmeister in einem Hotel.
Deine Dich liebende Ehefrau.

P. S. : Als Mathematiker ist Dir ja bekannt, dass 18 viel öfter in 54 hineingeht als 54 in 18. Bleib daher bitte nicht auf, um auf mich zu warten."

Anmerkung : Ich habe erlebt, dass Hochschulprofessoren der Mathematik, aber nicht nur diese, Schwierigkeiten haben, die Pointe, aber auch die Feinheiten dieser Geschichte zu verstehen. Man braucht schließlich ja nur ein wenig gesunden Menschenverstand, Lebenserfahrung sowie Kenntnisse aus dem Mathematikunterricht bis zur 5. Klasse, aber nicht die der Hochschulmathematik, erst recht keine neueren Forschungsergebnisse, um alles, vor allem die Spitzen, zu verstehen. Um es kurz zu machen : 54 dividiert durch 18 ist exakt 3. Das bedeutet : 18 geht genau 3 Mal ohne Rest in 54 hinein. Dagegen hat die Aufgabe 18 geteilt durch 54 die Lösung 0 mit dem Rest 18. Also geht 54 kein einziges Mal in 18 hinein, es bleibt ein schäbiger Rest. Und der Phantasie bleibt es überlassen, diese mathematischen Ergebnisse zu interpretieren, das enthalten sein/hinein gehen, und auch, was wir uns unter diesem schäbigen Rest vorstellen können. So eindeutig und präzise kann man solch einen Sachverhalt in der Sprache der Mathematik formulieren, ohne dass irgendeine Zensur eingreifen muss, ohne einen roten Kopf zu bekommen oder empörte Blicke zu riskieren. Wie primitiv und lächerlich drücken sich dagegen gewisse Machos oder auch männerfeindlich ausgerichtete Frauen aus, wenn sie versuchen, den hier angesprochenen Sachverhalt darzustellen. Da gab es doch einen englischen Zahlentheoretiker, G. H. Hardy (1878 – 1947), der sich nur deshalb mit Zahlentheorie beschäftigte, weil sie seiner Meinung nach völlig nutzlos, für ihn hieß das, ohne jede Anwendungsmöglichkeit, sei. Na ja, wenn der wüsste, wo Zahlentheorie heute überall angewendet wird. Von dem nach ihm mit benannten Hardy-Weinberg-Gesetz aus der Populationsgenetik kann niemand behaupten, es sei nicht anwendungsbezogen.

"Ich möchte gerne von diesem Film Abzüge machen lassen", sagt ein Mathematikstudent in einem Fotoladen. Verkäufer : "9 mal 13 ?" Student : "117. Wieso ?"

"Ich möchte gerne von diesem Film Abzüge machen lassen", sagt ein Mathematikprofessor. Fragt der Verkäufer : "9 mal 13 ?" Professor : "Das ist lösbar. Wieso ?"

Anmerkung : Hier gilt nicht "Schlecht rechnen kann der Student gut". Aber reicht das als Qualifikation für ein Studium in höherer Mathematik aus, eventuell gar als Lehreramtsstudium und späteren jahrzehntelangen Einsatz an einer Schule ? Den Professor interessiert nur, ob das Problem des Verkäufers lösbar ist. In seiner Vorlesung hat er ja genügend "Rechenknechte", die ihm eine Lösung, sofern sie existiert, präsentieren können, aber auch nur dann, falls solch "niedere Kunst" mal in seiner hochwissenschaftlichen Vorlesung wichtig und von Nutzen sein sollte. Interessant ist, dass weder der Student noch der Professor merken, was die Frage des Verkäufers mit ihrem Auftrag überhaupt zu tun hat. Sie sehen nur die syntaktische, nicht die semantische Ebene.

"Na, Kind, wie sieht Dein Zeugnis aus ?", fragt die Eiskunstläuferin ihre Tochter, die ihr das Zeugnis freudig präsentiert. "Du wirst Augen machen und staunen : Es gibt sogar die Traumnote 6."

Anmerkung : Da sage noch jemand, die Jugend würde sich nicht an Vorbildern orientieren. Aber sind es immer die richtigen ?

Fragt der Lehrer : „Was ist die Hälfte von 8 ?" Darauf retourniert Fritzchen wie aus der Pistole geschossen : „Halb acht."

Anmerkung : Das haben wir nun davon, dass wir Uhrzeiten umgangssprachlich so benennen. Aber mit den Viertelstunden ist es ja noch schlimmer : „Viertel nach sieben" sagen die einen, „Viertel acht" wieder andere je nach Region, wenn es 7.15 Uhr ist. „Viertel vor acht" oder „drei viertel acht", wenn die Uhr 7.45 Uhr zeigt. Aber in der Schule soll korrekt Bruchrechnen betrieben und vernünftig in den Köpfen der Lernenden verankert werden. Na dann viel Spaß, liebe Lehrende, es gibt viel zu tun.

(Nicht aus meiner Sammlung, sondern als Bild entnommen aus : https://www.briefmarken-forum.com/t8321-briefmarken-kalender-2019)

Der Einer
Einst höhnten natürliche Zahlen
(sie glaubten, weiß Gott was zu sein)
den alten wehrlosen Einer;
er war ja so arm und so klein.
Da sprach der Verachtete bitter,
vom Schmerz solchen Schimpfes gebeugt :
"Ihr undankbaren Geschöpfe -
und ich hab Euch alle erzeugt !"

Anmerkung : Hubert Cremer (1897 – 1983) hätte uns in seinem Gedicht auch in die Welt der Mengen einführen können. Dort ist es dann die leere Menge, aus der und mit der alle natürlichen Zahlen interpretiert und erzeugt werden können. Die leere Menge, die in der

Mengenlehre die Rolle einnimmt, die der Einer in seinem Gedicht hat. Es ist also nichts mit "Aus Nichts wird nichts". Inzwischen gehört definitionsgemäß auch die Null zu den natürlichen Zahlen. Und damit ist die Analogie zu den Mengen vollkommen !

Zahlenliebe

Die 2 und ihr Logarithmus, die liebten sich so sehr;
ein rationales Verhältnis schien ihnen das höchste Begehr
Sie gingen zum strengen Gelehrten --
der sprach : "Ja, was fällt Euch denn ein !
Ein rationales Verhältnis zwischen Euch kann nimmermehr sein.
Du bist so ein Transzendenter vom Zahlenproletariat,
sie ist im Primzahlenstaate die Beste, denn nur sie ist grad."
Da rang sie verzweifelt die Hände, er aber fasste sich schnell :
"Ist's rational nicht möglich, so geht es zumindest reell !"

Anmerkung : Mathematik kann wunderschön sein und Ergebnisse so fein verpackt wie in diesem Gedicht von Hubert Cremer, diesem ominösen Dr. h.c. N_Quadrat (N_Quadrat = Nomen nescio und in h.c. sind die Anfangsbuchstaben seines Namens versteckt). Es lädt geradezu ein, sich mit diesen Themen (rational, reell, transzendent, Logarithmus, Primzahl, gerade) zu beschäftigen, um noch mehr darüber zu wissen, und auch, was die Mersenne- Primzahl und die logarithmische Spirale auf der Briefmarke beinhalten.

Frage : "Was sagt die 0 zur 8 bei ihrem ersten Treffen" ?
Antwort : "Du hast einen schönen Gürtel."

Anmerkung : Frauen sehen so etwas meist viel besser als Männer und können es auch treffender ausdrücken.

Drei Aussprüche bekannter Persönlichkeiten beschreiben unterschiedliche Aspekte oder Interpretationen der Null, die ich nicht weiter kommentieren möchte :

„Man mag noch so viele Nullen zusammenzählen wie man will: es gibt doch keine Eins." (*Leonardo da Vinci, 1452 – 1519*)

„Ich stimme mit der Mathematik nicht überein. Ich meine, dass die Summe von Nullen eine gefährliche Zahl ist."
(*Stanislaw Jerzy Lec, 1909 – 1966*)

„Schon die Mathematik lehrt uns, dass man Nullen nicht übersehen darf." (*Gabriel Laub, 1928 - 1998*)

Paradox ist, wenn ...
zwei sich vereinen, drei sich entzweien.
vier fünf gerade sein lassen, fünf miteinander Sex haben.
sechs sich in Sieben verfangen, sieben nicht acht geben.

es positiv ist, ein negatives Testergebnis zu haben.

jemand im Dunkeln hellhörig ist.

jemand sitzen muss, weil er gestanden hat

jemand seine Hungerkur satt hat.

jemand eine Tageszeitung bei Nacht liest.

jemand Heißhunger auf Speiseeis hat.

jemand ein eingefleischter Vegetarier ist.

jemand ein unberechenbarer Mathematiker ist.

jemand eine herrenlose Damenhandtasche findet.

jemand auf einer Landzunge eine Seezunge verspeist.

jemand beim Bogenschießen geradeaus schießt.

jemandem im Tal die Haare zu Berge stehen.

sich ein Astronaut abkapselt.

sich Töchter versöhnen.

ein Vater ein Muttermal besitzt.

ein Glatzkopf etwas haarsträubend findet.

ein Glatzkopf Krauskopf heißt.

ein Oberkellner am Unterarm ein Überbein hat.

ein Angehöriger der Roten Armee blau ist.

ein gestandener Däne hinter schwedischen Gardinen sitzt.

ein Schachspieler keinen Zug verträgt.

ein Goethe-Denkmal in der Abendsonne schillert.

ein Hellseher ein geplantes Treffen wegen unvorhergesehener Umstände absagt.

ein Schuster seine Frau vermöbelt, während ein Schreiner die seinige versohlt.

ein leichtes Mädchen schwer bereut.

ein dämlicher Mann mit einer herrlichen Frau verheiratet ist.

ein Goldfisch einen Silberblick hat.

ein Schäferhund pudelnass ist.

Kapitel 3 : (Vor)Urteile über Mathematiker

„Die Mathematiker sind eine Art von Franzosen : Redet man mit ihnen, so übersetzen sie es in ihre Sprache und flugs ist es etwas ganz anderes."

(Johann Wolfgang von Goethe, 1749 – 1832)

Ballonfahrer verlieren bei einer langen Fahrt durch Wolken und Nebel die Orientierung. Endlich sehen sie unter sich einen Mann auf einer Weide. Ruft einer der Ballonfahrer : "Wo sind wir ?" Nach einer Weile tönt es von unten herauf : "In einem Ballon." "Das muss ein Mathematiker sein.", sagt einer der Ballonfahrer. "Woran erkennst Du das ?", fragt ein anderer. Antwort : "An 3 Dingen : 1. Er hat lange nachgedacht. 2. Die Antwort war absolut präzise. 3. Die Antwort war völlig nutzlos."

Anmerkung : Muss ich etwas so Stimmiges noch kommentieren ? Aber Hand aufs Herz, hast Du nicht auch ähnliche Vorurteile gegenüber Mathematikern und dem, was sie treiben ?

Ein Mann fliegt in einem Heißluftballon und verirrt sich. Über einem Feld macht er unten am Boden einen Menschen aus, er reduziert die Höhe und ruft : „Können Sie mir helfen ? Ich hatte einem Freund versprochen, ihn vor einer halben Stunde abzuholen, aber ich weiß nicht, wo ich bin und in welche Richtung ich mich bewege." Nach einer Pause langen Nachdenkens sagt schließlich der Mann : „Sie befinden sich bei 53 Grad 11 Minuten nördlicher Breite und 8 Grad 15 Minuten östlicher Länge. Sie sind 25 Meter über dem Meeresspiegel und der Wind weht aus nordwestlicher Richtung." „Besten Dank", erwidert der Ballonfahrer. „Sind Sie Mathematiker ?" „Ja, aber woher wissen Sie das ?" Darauf der Ballonfahrer : „Alles, was Sie gesagt haben, ist sehr präzise, sie haben auch lange nachgedacht. Sie haben mir mehr Details gegeben als ich brauchte. Und ich kann damit absolut nichts anfangen." Meint der Mathematiker : „Ok. Sind Sie Manager ?" „Ja", antwortet der Ballonfahrer. „Wieso ?" „Ganz einfach", sagt der Mathematiker. „Sie haben keine Ahnung, wo Sie sich befinden und wohin es sie verschlägt. Sie haben etwas versprochen und wissen nicht, wie Sie es einhalten können, und benutzen ein dazu absolut untaugliches Mittel. Sie haben sich selber in diese Situation gebracht, weil Sie heiße Luft abgelassen haben. Und nun befinden Sie sich exakt in der Lage wie in der, bevor wir uns begegnet sind, und schieben mir aber die Schuld dafür zu."

Anmerkung : Die Ballonfahrer-Geschichte einmal mit etwas anderen Inhalten ausgefüllt. Und nun bekommen gleich zwei Berufe ihr Fett weg. Aber wieder die gleichen Vorurteile dem Mathematiker gegenüber. Wie sie sich gleichen. Ist da vielleicht doch etwas dran ?

Was ist der Unterschied zwischen einem Doktor der Mathematik und einer großen Pizza ? Antwort : Die große Pizza ernährt eine 4-köpfige Familie.

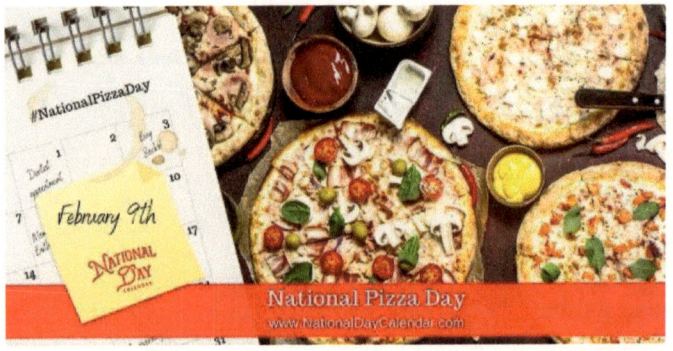

Anmerkung : "Wenn Sie bis zum 4. Semester keinen Doktor haben, müssen Sie ihn selber machen." So wurde es (wird es auch heute noch ?) weiblichen Studierenden der Mathematik von ihren Professoren gesagt. Aber wer als Doktor der Mathematik in gängigen Fachgebieten arbeitet und bereit ist, alle sich bietenden Chancen zu nutzen, dem wird es nicht so ergehen wie dem Doktor im Witz. Er leben die Vorurteile !

Ein Jurist, ein Arzt und ein Mathematiker diskutieren darüber, ob eine Frau oder eine Freundin besser sei. Der Jurist sagt : "Eine Freundin ist viel besser. Bei einer Scheidung können so viele Komplikationen auftreten." Der Arzt meint : "Eine Frau ist besser, sie vermittelt Dir Sicherheit. Dadurch wird Stress abgebaut und die Lebenserwartung steigt." Der Mathematiker dagegen : "Am besten ist, man hat sowohl eine Frau als auch eine Freundin. Wenn Deine Freundin denkt, Du bist bei Deiner Frau und Deine Frau, Du bist bei Deiner Freundin, kannst Du Dich in Ruhe mit Mathematik beschäftigen."

Anmerkung : Wenn ein Mathematiker ein Problem lösen möchte, dann beschäftigt es ihn Tag und Nacht bis ins Unterbewusstsein. Manch einer hatte früher sogar Papier und Schreibzeug auf dem Nachttisch liegen (heute werden es elektronische Medien sein), um Ideen schnell aufschreiben zu können, sehr zum Leidwesen einer Partnerin, die wohl kaum Verständnis haben wird, wenn ihm die zündende Idee ausgerechnet mitten im Liebesakt kommt, falls es bei einem so in seinen Gedanken versponnenen Mathematiker überhaupt so weit kommt.

"Gestern kam meine Freundin auf dem Fahrrad zu mir. Sie stellte das Rad ab, zog sich ihr Kleid aus, stellte sich nackt vor mich hin und sagte : Du bekommst von mir, was Du willst. Da habe ich das Fahrrad genommen.", sagte ein Mathematiker zu einem anderen. Darauf der andere : "Eine völlig logische Entscheidung. Das Kleid hätte Dir sicher nicht gepasst."

Anmerkung : Völlig klar ist, die beiden können nicht bis 3 zählen, für sie gibt es nur 2 Möglichkeiten. Und als Mathematiker sind sie lebensfremd verbildet. Daran ist ein berühmter Grieche schuld, der schon vor rund 2 000 Jahren gefordert hat, dass in der Logik ein Drittes nichts zu suchen hat. (Tertium non datur.) Und alle Versuche, Mathematiker so auszubilden, dass sie die Realitäten dieser Welt mit einbeziehen, sind bei diesen beiden offenbar krachend gescheitert.

Ein bekannter Mathematiker meinte auf einer Reise plötzlich zu seiner Frau, es fehle ein Gepäckstück. "Ich habe sie gezählt. Alle 6 Koffer sind da", sagte seine Frau. "Das kann nicht sein," sagte der Mathematiker, "Ich habe sie mehrmals gezählt : Null, eins, zwei, drei vier, fünf."

Anmerkung : Ätsch, das haben Mathematiker nun davon, dass sie darauf bestanden haben, die natürlichen Zahlen sollten nicht mit der Zahl „1", sondern mit der Zahl „0" anfangen. Das wurde dann in einer DIN-Norm verbindlich festgelegt. Merkt denn dieser Mathematiker gar nicht, dass er 6 verschiedene natürliche Zahlen (0, 1, 2, 3, 4, 5) aufzählt ? Wir benötigen nicht die Satzungetüme und Verfahren der Mengenlehre, um dies festzustellen. Was spricht dagegen, auch einmal die Finger beider Hände zu Hilfe zu nehmen ? Und noch eine Möglichkeit : Wenn wir die Koffer wohlgeordnet vor uns sehen und wollen sie in ihrer Reihenfolge zählen, dann werden wir "der erste, der zweite, der dritte, der vierte, der fünfte, der sechste" zählen. Welcher normal Sterbliche beginnt denn mit "der Nullte" ? Das Fachgebiet dieses Mathematikers ist sicher meilenweit von so elementaren Grundlagen wie Kardinal- und Ordinalzahlen entfernt, sonst würde er nicht diesen Lapsus begehen. Also ein typischer Fachvertreter, der eine ganze Menge von sehr wenig Mathematik weiß. Höre ich da jemand „Fachidiot" sagen ?

Doziert ein Mathematikprofessor in seiner Vorlesung : "Es gibt 3 verschiedene Sorten von Mathematikern. Die einen können bis 3 zählen, die anderen nicht."

Anmerkung : Da gab es doch mal einen ollen Griechen namens Aristoteles (384 – 322 v. Chr., nein, nein, nicht der Onassis. Da müssen wir schon rund 2 500 Jahre zurück gehen), der aller Welt eintrichterte, es gebe immer nur 2 Möglichkeiten. Tertium non datur, wie es uns die Lateinlehrer überliefert haben. Aber wieso dieser Grieche Latein gesprochen haben soll, das als Sprache ja erst viel später Mode wurde, das wollte uns Schülern niemand verraten. Solch eine Frage provozierte mindestens einen Tadel, wenn nicht eine noch härtere Reaktion. Und warum soll ich auch bis 3 zählen können, wenn im Dualsystem doch nur 2 Ziffern (0 und 1) benötigt werden ? Im Dualsystem kann alles berechnet werden, Computer beweisen es. Schließlich kann es der Herr Professor, der Lehrer ausbildet und diesen Witz erzählt, doch offensichtlich auch nicht.

Ein Mathematiker, ein Ingenieur und ein Informatiker fahren gemeinsam in einem Auto. Plötzlich stirbt der Motor ab. Der Mathematiker bemerkt : "Wir sind eben an einer Tankstelle vorbei gefahren.

Jemand sollte zurückgehen und Hilfe holen." Der Ingenieur meint : " Ich schaue mir mal den Motor an. Vielleicht kann ich ihn reparieren." Der Informatiker lacht : "Öffnen wir doch einfach alle Türen und schlagen sie wieder zu. Vielleicht geht der Wagen dann wieder."

Anmerkung : War es etwa ein Manta, mit dem das passierte ? Aber was soll ich noch viel dazu sagen. Der Mathematiker hat eine Lösung, für die aber jemand anders sorgen soll, ihm reicht das völlig. Dem Inscheniör ist offenbar auch hier nichts zu schwör. Und der Informatiker ? Na, Beispiele für dessen Verhalten bekommt doch jede(r), die/der mit einem Computer arbeitet, zur Genüge, wenn wir daran denken, wie viele bewährte Routinen nach jeder "Verschlimmbesserung" (Das nennt der Informatiker von den Problemen ablenkend Update, ein Fremdwort, das eigentlich Fortschritt signalisieren sollte !) nicht mehr klappen.

"Warum beschäftigt BMW keine Mathematiker mehr ?" Antwort : Die Mathematiker hatten zunächst ein Pkw mit m Rädern für den n-dimensionalen Raum konstruiert und dann erst später den Spezialfall n = 3 und m = 4 betrachtet.

Anmerkung : Gewisse Mathematiker wollen es immer so allgemein und so abstrakt wie möglich betrachten und verlieren leicht den eigentlichen Auftrag aus den Augen. Aber so einen BMW wie auf der Briefmarke würden sie dann doch gerne fahren, nicht wahr ? Im 3-dimensionalen natürlich und mit 4 Rädern. Ob sie auch an ein Ersatzrad denken ?

Dem Mathematiker ist darum nur gelungen
so vieles, weil er zieht aus allem Folgerungen.
Er folgert, wenn er auch nicht sieht, wozu es frommt,
erwartend, ob es ihm einmal zustatten kommt.
Auf einmal sieht er, wie Unnützes selber nützt,
wenn Allergrößtes sich auf Allerkleinstes stützt.

Anmerkung : Ist dieses Gedicht von Friedrich Rückert (1788 – 1866) nicht von deutlichen Bedenken gegen mathematische Forschung geprägt und greift auch Vorurteile auf ? Unter anderen ist es die sogenannte Epsilontik, wo mit „unendlich kleinen" Größen argumentiert wird. Nicht umsonst findet man unter der Ankündigung eines der kürzesten Mathematikwitze diesen : „Sei $\varepsilon < 0$". Wer es noch grotesker formulieren will, spricht vom halben Epsilon und erreicht so noch eine Steigerung. Aber Hand aufs Herz, lieber Lesender, verstehst Du solch einen Witz ? Wenn nicht, bist Du in guter Gesellschaft. Die meisten Lesenden werden nicht darüber lachen, nur einige wenige Mathematiker, aber nur, wenn sie über genügend Humor verfügen.

Kapitel 4 : Statistisches Allotria

„Don't trust a statistic you didn't fake. Trau keiner Statistik, die Du nicht selber gefälscht hast."

(geflügelte Statistikerweisheit, die Winston Churchill (1874 – 1965) zugeschrieben wird. Nur gibt es bis jetzt keinen Beleg dafür.)

Eine Mutter von 3 Kindern erwartet ihr 4. Kind. Eines Tages sagt die älteste Tochter : "Wisst Ihr, was ich herausgefunden habe ?" Die anderen : "Nein, was denn ?" Die älteste Tochter : "Das neue Baby wird ein Chinese. In der Zeitung stand : Jedes 4. Kind, das derzeit geboren wird, ist ein Chinese."

Anmerkung : Statistik muss richtig interpretiert werden. Sonst wird sie als höchste Steigerungsform der Lüge empfunden, wie das folgende Zitat belegt, das von Mark Twain stammt, aber englischen Politikern, unter anderen Benjamin Disraeli und Winston Churchill, zugeschrieben wird : "Es gibt drei Arten von Lügen : Lügen, infame

Lügen und Statistiken." Aber so ein Witz ist doch immer wieder geeignet als Denkanstoß oder zum Schmunzeln und solch eine Briefmarke zur Alterspyramide sollte es auch sein. Oder ?

Sagt ein Mann zu seiner Frau : „Hier steht in der Zeitung, dass in London alle zwanzig Minuten ein Mann überfahren wird." Frau : „Oh Gott, der arme Mann, warum muss der so viel leiden ?"

Anmerkung : Womit hat dieser eine Mann denn solch eine Strafe verdient ? Werden in London überhaupt keine Frauen überfahren ? Veranschaulichen und sich etwas konkret vorstellen ist ja schön und gut. Hier hängt offenbar alles von der korrekten Interpretation dieses einen mehrdeutigen Wortes, „ein", ab. Oder ist in London etwa viel Alkohol im Spiel ?

Statistik ist etwas Wundervolles. Sie sagt uns zum Beispiel, dass jedes Jahr über 40 Millionen Alligator-Eier gelegt werden. Davon wird nur die Hälfte asgebrütet. Von dieser Hälfte werden innerhalb des ersten Monats 75 % von Räubern gefressen. Von den übrig gebliebenen werden nur etwa 5 % ein Jahr alt. Daher ist Statistik etwas

Wundervolles; denn wenn es die Statistik nicht gäbe, würden wir knietief in Alligatoren waten.

Anmerkung : Verwechselt da nicht jemand Ursache und Wirkung ? Und übersieht, dass mit dieser Statistik Sachverhalte lediglich beschrieben, aber keine geschaffen werden. Und Krokodil Gena aus dem sowjetischen Trickfilm (siehe das Bild auf der Briefmarke der vorigen Seite) ist sicher nicht gemeint.

Zwei Jäger nehmen einen Statistiker mit zur Entenjagd. Beide schießen auf dieselbe Ente. Der erste schießt links vorbei, der andere rechts. Die Ente kann unversehrt entkommen. "Hurra", ruft der Statistiker, "wir haben Grund zum Feiern. Nehmen wir den Mittelwert der beiden Schüsse, dann ist die Ente statistisch gesehen tot."

Anmerkung : So etwas erzählte man sich scherzhaft auch von den Kanonieren Napoleons : Rechts vorbei, links vorbei und der 3. Schuss ist dann ein Treffer. In Wirklichkeit kommen noch 2 Dimensionen hinzu, es wird also in der Hitze des Gefechts nicht ganz so einfach gewesen sein. Und wenn schon von Kanonenkugeln und märchenhaften Geschichten die Rede ist, dann darf doch Baron von Münchhausen (1720 - 1797) nicht fehlen. Halten wir fest : Der Statistiker braucht keinen 3. Schuss. Es reicht ihm, den Mittelwert, die Mitte, berechnen zu können beziehungsweise jemanden zu kennen, der das berechnen kann. Dann ist für ihn der Fall erledigt. Nur gelangt so keine Ente in seine häusliche Bratröhre. Da wird ihm seine Frau gehörig den Marsch blasen, wenn er ohne eine Ente heimkommt und ihr diese Schlussfolgerung erzählt. Am Stammtisch kann er ja sein Jäger- und Statistikerlatein ruhig vortragen, dass sich die Balken biegen. Und so liest sich der gleiche Sachverhalt, wenn es von P. H. List, Professor für Pharmazeutische Technologie in Marburg an der Lahn, in Verse gebracht wird :

Mittelwert und Streuung

Ein Mensch, der von Statistik hört,
denkt dabei nur an Mittelwert.
Er glaubt nicht dran und ist dagegen,
ein Beispiel soll es gleich belegen :
Ein Jäger auf der Entenjagd
hat einen ersten Schuss gewagt.
Der Schuss, zu hastig aus dem Rohr
lag eine gute Handbreit vor.
Der zweite Schuss mit lautem Krach
lag eine gute Handbreit nach.
Der Jäger spricht ganz unbeschwert
voll Glauben an den Mittelwert :
Statistisch ist die Ente tot !
Doch wär er klug und nähme Schrot
- Dies sei gesagt, ihn zu belehren –
- er würde seine Chancen mehren :
Der Schuss geht ab, die Ente stürzt,
weil Streuung ihr das Leben kürzt !

Anmerkung : Wer nur an die Mär vom Mittelwert glaubt, dem wird es so gehen wie diesem Jäger, er kommt ohne Beute nach Hause. Zur richtigen Interpretation realer Zusammenhänge gehört eben die Kenntnis weiterer Größen, wie hier zumindest der Streuung. Und auch das gibt es : Gebührenmarken in den USA zur Entenjagd.

Frage : Sind die Frauen von Statistikern genau so zufrieden wie andere Frauen ?

Antwort : Im Prinzip ja. Aber jedermann möge doch bedenken : Statistiker legen Mittelwerten eine große Bedeutung in allen Lebenslagen zu. Zum Beispiel küssen sie ihre Frauen zuerst auf die linke Wange, dann auf die rechte Wange und meinen, dass sich alles übrige durch statistische Auswertung erledigen wird.

Anmerkung : Erinnert mich irgendwie an Radio Eriwan. Wie reagierst denn Du, wenn Dich Dein Partner/Deine Partnerin nur auf die linke Wange und dann auf die rechte küsst, wobei der Mund in der Mitte ausgespart wird in der Hoffnung, dass sich das durch statistische Auswertung von selbst erledigen würde ? Aber beachte bitte : Statistiker sollten sich nicht nur für Mittelwerte interessieren, sondern mindestens auch noch für Abweichungen und das Testen von Hypothesen. Träumen Frauen von solchen Küssen, wie sie Dornröschen bekommt ?

Politiker benutzen die Statistik meist wie Betrunkene einen Laternenpfahl : Vor allem zur Stütze des eigenen Standpunkts und weniger zum Beleuchten eines Sachverhalts.

Anmerkung : „Ich traue keiner Statistik, die ich nicht selber gefälscht habe.", wird einem englischen Politiker als Ausspruch untergeschoben, ohne dass es bis heute einen Beleg dafür gibt. Aber deutlicher und drastischer kann nicht dargestellt werden, wie Politiker die Statistik gebrauchen oder besser missbrauchen. Dabei sollten sie sich an Leuchttürmen und deren Sinn und Zweck orientieren.

Logik ist eine Wissenschaft, in der man falsche Schlussfolgerungen mit absoluter Sicherheit herausfinden kann. Statistik hingegen ist eine Wissenschaft, in der man falsche Schlussfolgerungen mit einer Sicherheit von 95 % bekommen kann.

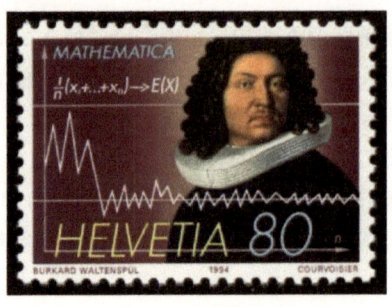

Anmerkung : Was würde wohl Jakob Bernoulli (1654 - 1705), einer der Begründer der Wahrscheinlichkeitstheorie, zu dieser Aussage bemerken ? Fakt ist, dass Stochastik-Fachwissenschaftler hochstaplerisch vom "Testen von Hypothesen" reden. Über Risiken und Nebenwirkungen solch falscher Schlussfolgerungen wird ja regelmäßig in einschlägigen Zeitschriften zum Beispiel bei Medikamententests berichtet. Aber wer liest das schon ? Welcher Anwender, der kein Stochastik-Spezialist ist, versteht das denn ? Da wird einfach nach der Methode publiziert : Das macht doch nichts, das merkt doch keiner. Und selbst Stochastiker können ihren Hypothesen bei diesem Vorgehen keine Wahrscheinlichkeiten zuordnen, so dass niemand weiß oder entscheiden kann, was denn nun genau Sache ist.

Wer kennt das Gesetz von Amos Emerson Dolbear aus dem Jahr 1897 ? Es ist jedenfalls berühmt. Dieser amerikanische Physiker und Erfinder lebte von 1837 bis 1910.

(Oecanthus fultoni)

Antwort : Wenn Du es kennst, dann brauchst Du kein Thermometer mehr, Du kannst es wegwerfen. Temperaturmessung geht einfacher und umweltfreundlicher. Schaffe Dir Grillen der Art Oecanthus fultoni an, die deshalb auch Thermometergrille genannt wird. Zähle, wie oft die Grille in 15 Sekunden zirpt, addiere 40. Du erhältst die Temperatur in Fahrenheit.

Anmerkung : Das Umrechnen der Temperatur von Fahrenheit in Grad Celsius sei mitdenkenden Lesern als Übungsaufgabe gegönnt und zugemutet. Ergebnisse mit Oecanthus niveus in Nebraska sind ebenfalls bekannt. Wegen der Temperatur- und Ortsabhängigkeit der Zirpraten dieser Grillenart sind aber anspruchsvolle Regressionsrechnungen in einem sehr viel komplizierteren Modell zur Erzielung einer angemessenen Genauigkeit erforderlich.

A. N. Kolmogorow (1903 – 1987), russischer Mathematiker mit wichtigen Beiträgen zur Wahrscheinlichkeitstheorie, hatte es in der damaligen Sowjetunion nicht leicht. Der Marxismus-Leninismus hatte keinen Platz für Gott und den Zufall. Ein Polit-Kommissar wollte ihn aufs Glatteis führen und fragte : "Andrej Nikolajewitsch, sagen Sie mal, was ist das : Zufall ?" Listig antwortete Kolmogorow : "Genosse Kommissar, stellen Sie sich vor, ein armer Bauer betet um Regen. Und dann regnet es tatsächlich. Sehen Sie, das ist Zufall."

Anmerkung : Ganz schön schlitzohrig dieser Andrej Nikolajewitsch, aber wunderbar passend ausgedrückt. Kannst Du es besser, lieber Leser ? Gibt es vielleicht deshalb keine russische Briefmarke von Kolmogorow (mir ist jedenfalls keine bekannt), so dass hier nur die portugiesische Marke mit Poincaré, Gödel und Kolmogorow (rechts) gezeigt werden kann ? Dabei hat die Sowjetunion doch sonst gerne ihre Mathematiker mit Briefmarken geehrt.

Wie oft Pitbulls alte Damen beißen, dafür fehlt es an Beweisen. Doch deutlich die Statistik lehrt : häufiger als umgekehrt !

Anmerkung : Was sagte mal ein Journalist so richtig : Die Meldung "Hund beißt Mensch" ist keinen Artikel und keine Schlagzeile wert, es sei denn diese Meldungen häufen sich wie bei den Attacken von Kampfhunden. Aber die Meldung "Mensch beißt Hund" könnte es sogar in der richtigen Aufmachung auf die erste Seite einer Zeitung bringen. Und was sagt uns das über den Journalismus aus ? Vermutlich gilt der Spruch auch für irische Wolfshunde, nur klingt er für Pitbulls dramatischer.

89,16624745 % aller Statistiker beanspruchen eine Genauigkeit für ihre Ergebnisse, die durch die verwendete Methode jedoch nicht gerechtfertigt ist.

Anmerkung : Und wie steht es mit dieser Aussage, wenn wir sie ernst nehmen ? Können/Dürfen wir sie überhaupt ernst nehmen ?

Es gibt nur wenige Bauernregeln über das Wetter, die als statistisch gesichert gelten können. Eine, die zu 100 % sicher ist, lautet : "Gewitter im Mai, ist der April vorbei."

Anmerkung : Der abstrakte Lehrsatz der mathematischen Logik lautet : Wenn in "Aus A folgt B" sowohl die Voraussetzung (Prämisse) A als auch die Folgerung (Conclusio) B wahr ist, dann ist die gesamte Schlussfolgerung "Aus A folgt B" wahr. Aber so wie in dem Witz kann ich mir das viel besser merken. Vielleicht geht es Lesenden auch so. Gibt es noch andere Wetter-/Bauernregeln, die wie diese zu 100 % zutreffen ? Bei solch präzisen Wetterregeln müssen sich die Meteorologen mit ihren Vorhersagen aber anstrengen.

Behauptung : Die Statistik lehrt, dass alle Menschen abnormal sind.

Beweis : Normale Menschen haben statistisch gesehen einen Busen und einen Hoden.

Anmerkung : Im 19. Jahrhundert haben Statistiker wie Adolphe Quetelet (1796 - 1874) über Mittelwerte von Messungen den sogenannten „normalen" Menschen (homme moyen) definiert. Darauf beruhen auch die Konfektionsgrößen für Hemden, Kleider, Anzüge, Schuhe etc. . Wer macht sich den Spaß und zählt die Silikonbusen von 5 frisch an den Brüsten schönheitsoperierten Frauen und zählt die Hoden ihrer 5 (verschiedenen) Operateure. Zusammen sind es 10 Menschen. Und jetzt bildet mal die Mittelwerte. Dann wisst Ihr, wie viele Brüste und Hoden der über die Statistik festgelegte „normale" Mensch hat. Und wie ist es bei Lesenden ? Liebe Lesende, seht Ihr, auch Ihr entspricht genau wie ich nicht der Vorstellung der Statistiker von normal, folglich sind wir alle nicht normal, also abnormal.

Kapitel 5 : Mathematikunterricht

„Pi pa po, jetzt sind wir alle froh.
Klappe zu, Affe tot, Fall erledigt."

(Jodokus Rauschebart)

„Mathematik zu lernen heißt,
sie immer wieder neu zu erfinden."

(Donal O'Shea, geboren 1952)

George W. Bush besucht Algerien und hält eine Rede. "Ich bedaure, dass ich diese Rede in Englisch halten muss. Ich hätte sie gerne in der Sprache Ihres Landes gehalten. Aber leider war ich in der Schule nicht sehr gut in Algebra ..."

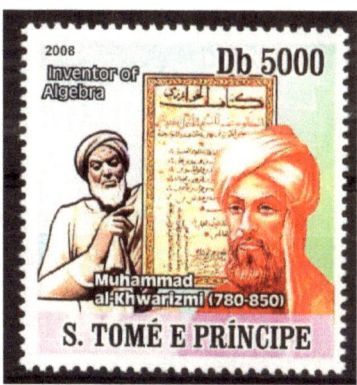

Anmerkung : Stellen wir uns so amerikanische Politiker aus Texas vor ? Hemdsärmlig, ungebildet und nur an Öl interessiert ? Aber sind unsere denn besser ? Nur eins hat George W. wohl irgendwoher mitbekommen : Das Wort "Algebra" stammt aus dem Arabischen, und zwar aus dem Titel eines Mathematikbuchs von Mohammed Ibn Musa Al-Chwarizmi aus dem 9. Jahrhundert, geschrieben aber nicht in Algerien, sondern im Zweistromland, dem heutigen Irak. Und schon sind wir wieder bei George W. Bush und dem Öl.

Bittet der Sohn seinen Vater : "Machst Du heute bitte meine Hausaufgaben in Mathematik ?" Darauf antwortet der Vater : "Nein, das wäre nicht richtig." Fast flehend darauf der Sohn : "Aber Du könntest es wenigstens probieren."

Anmerkung : Was für ein tolles Missverständnis und welche Doppeldeutigkeit. Welchen Stempel wird der Lehrer wohl verwenden ?

Lehrer im Mathematikunterricht : "Was ist ein Kreis ?" Antwort von Fritzchen : "Ein Kreis ist eine Figur, bei der an allen Ecken und Kanten gespart wurde."

Der Kreis ist die Menge aller Punkte der Ebene, die von einem festen Punkt M der Ebene den gleichen Abstand r haben.

Anmerkung : Diese Antwort von Fritzchen passte dem Lehrer natürlich nicht. Hoffentlich hat er Humor und eine passende motivierende Antwort für Fritzchen bereit. Für Fritzchen stimmt sie jedoch. Oder hast Du bei einem Kreis schon mal Ecken und Kanten gesehen ? Natürlich gibt es auch andere ebene wie räumliche Figuren, bei denen keine Ecken und Kanten vorkommen. Nur wollen Mathematiklehrer eben eine Definition (siehe oben) hören, die nur auf den Kreis und keine andere Figur zutrifft, die den Kreis also eindeutig unter allen denkbaren Figuren charakterisiert. Aber ich liebe halt diesen Humor, der in Fritzchens Antwort liegt.

Auf ein Aufgabenblatt zeichnet der Lehrer ein rechtwinkliges Dreieck. An die längste Seite schreibt er x, an die beiden anderen 3 bzw. 4. Dazu stellt er die Aufgabe : "Bestimme das x !" Fritzchen, ganz clever, löst die Aufgabe wie folgt : Er zeichnet einen Kringel um das x und schreibt mit einem Pfeil, der auf das x zeigt : "Da ist es !"

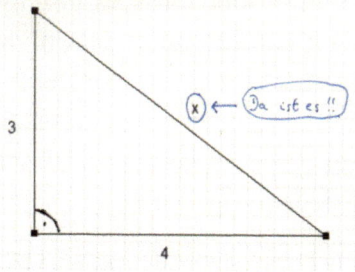

Anmerkung : Das hatte sich der Lehrer, offenbar ganz auf PISA eingestellt, wohl anders vorgestellt. Da sollte der Satz des Pythagoras angewendet werden. 3 zum Quadrat plus 4 zum Quadrat ergibt 25. Und das ist 5 zum Quadrat. Genau das sollte x sein und genau so sollte gerechnet werden, dazu alles korrekt und sauber aufgeschrieben. Tja, erstens kommt es anders, und zweitens als man denkt. Und was lernen vor allem aber lernwillige Lehrer daraus ?

Mathematiklehrer : "Wir nehmen mal an, die Anzahl der Schafe sei x." Daraufhin wendet ein Schüler ein : "Aber was ist, wenn die Anzahl der Schafe nicht x ist ?"

X IST DIE MIR BIS JETZT NOCH UNBEKANNTE ANZAHL DER SCHAFE, DIE ICH JEDOCH MIT MEINER RECHNUNG BESTIMMEN SOLL.

Anmerkung : Tja, lieber Schüler, dann ist sie eben y oder z oder so. Aber noch viel besser, damit Du lernst, wie ökonomisch das mit dem x ist : Schreibe doch hin : „Die mir bis jetzt noch unbekannte Anzahl der Schafe, die ich mit meiner Rechnung jedoch bestimmen soll.". Was meinst Du, wie schnell Du x schreibst, weil sich für Dich Deine Rechnung jetzt so verlängert, dass Du dieses Monstrum "Die mir bis jetzt noch unbekannte Anzahl der Schafe, die ich mit meiner Rechnung jedoch bestimmen soll." Zeile für Zeile über fast eine ganze Seite schreiben musst. Deine Mitschüler/innen sind schon fertig und lachen Dich aus, weil Du vielleicht erst an Deiner 2. Zeile angelangt bist und wie wild schreibst, ohne selber schon ein Ergebnis zu erahnen. Deine Überraschung (oder muss es dummes Gesicht heißen ?) möchte ich sehen, wenn der Zeitpunkt gekommen ist, wo Dir die bis jetzt noch unbekannte Anzahl plötzlich bekannt ist. Wer dumm fragt, darf sich nicht wundern, wenn er im Regen steht. Nur das Wundern sollte er/sie auch möglichst sein lassen. Also, wie wäre es mit x oder y oder z oder so als Friedensangebot ?

Ein Junge besucht ein Internat. Er kommt nach dem ersten Halbjahr mit einer Eins in Mathematik nach Hause. Die Eltern wundern sich, warum er plötzlich so gut in Mathematik geworden ist. "Wisst Ihr", sagte er, "als ich den ersten Tag ins Klassenzimmer kam, da hing jemand an der Wand, der an einem Pluszeichen festgenagelt war. Ich wusste sofort, dass die hier keinen Spaß verstehen."

Anmerkung : Es ist schon ein Kreuz mit diesen Rechenzeichen. Wer oder was jemanden motiviert, ist doch eigentlich gleichgültig. Die Hauptsache ist der Erfolg. Oder ? Wurde in Bayern etwa aus eben diesem Grund angeordnet, Kreuze in Schulklassen aufzuhängen ?

Sagt der Mathematiklehrer entsetzt zur Klasse : "Es ist zum Verzweifeln. 80 Prozent von Euch haben das mal wieder nicht kapiert." Retourniert ein Schüler : "Aber so viele sind wir doch gar nicht."

Anmerkung : Heute wird viel über Kompetenzen geschrieben, die der Mathematikunterricht vermitteln soll. Welche Kompetenzen können wir hier dem Pauker und welche dem Schüler zuordnen ? Früher zu meiner Zeit als Schüler hieß es leider kurz und bündig : "Setzen Sechs."; denn da mussten wohl nur Schüler lernen. Es ist schon eigenartig und zwingt zum Nachdenken, dass es so oft in die Brüche geht, wenn es um Brüche und Prozente geht.

Eine Mathematikarbeit soll im Computerraum geschrieben werden. Lehrer : "Hier nutzen Euch Eure Pfuschzettel überhaupt nichts. Die könnt Ihr glatt vergessen." Till murmelt, um die Mitschüler zu beruhigen : "Keine Panik, dafür haben wir hier ja LAN."

Anmerkung : Heute würde die Antwort neben LAN auch noch WLAN oder Bluetooth lauten. Welche Verbindungen mit der Außenwelt können Lernende mit ihren Smartphones aufnehmen, ohne dass es auffällt, vor allem, wenn die Lehrkraft sich damit nicht auskennt ! Im Computerraum und mit Smartphone sind Schüler Lehrern gegenüber meist im Vorteil. Wer als Lehrkraft mit einschlägiger Unterrichtserlaubnis oder –befugnis nicht davon profitiert, dass er/sie hier von den eigenen Schülern lernen kann, gehört zum Verwalten von Bleistiften verdonnert, aber nicht zum Unterrichten und Erziehen von durchaus lernwilligen Heranwachsenden.

Fritzchen sieht, dass soeben in der Regio-S-Bahn 5 Reisende ausgestiegen sind, nur ein Reisender ist eingestiegen. Denkt Fritzchen so für sich hin : "Wenn jetzt am nächsten Haltepunkt 4 neue Reisende hinzu kommen, dann ist die Regio-S-Bahn wieder leer, dann sind insgesamt 0 Leute drin."

Anmerkung : Schlecht rechnen kann Fritzchen gut, könnte man sagen. Oder kann er doch gut rechnen, dafür aber schlecht denken ? Also syntaktisch gut, semantisch schlecht; denn als Einsteige/Aussteigebilanz ist das brauchbar, aber dann muss man es auch so nennen. Nur wie er es sich denkt, ist es absolut daneben. Was würde wohl Jean Piaget dazu sagen, der ja über die Entwicklung des Zahlbegriffs beim Kinde geforscht und publiziert hat ?

Der Nobelpreisträger Manfred Eigen (1927 – 2019) wurde einmal gefragt, was ein Student denn alles tun müsse, um auch einmal Nobelpreisträger zu werden. Eigen antwortete : "Ich würde ihm die Geschichte von einem jungen Mann erzählen, der, den Geigenkasten unter dem Arm, in New York einen Passanten fragt : "Können Sie mir den Weg zur Carnegie Hall zeigen ?" Der Passant überlegt, schaut ihn von oben bis unten an und sagt dann : "Ich würde üben, üben, üben !" Ich weiß nicht, ob man es besser sagen kann."

Anmerkung : Eine Klasseantwort, die auf jede andere Tätigkeit, auch auf das Lernen von Mathematik, passt. Muss ich das noch weiter kommentieren ? Ergo : No further comment.

Was ist Klimm plus Bimm in Klammern zum Quadrat ? Klar : Klimmquadrat plus Bimm-quadrat plus 2 mal KlimmBimm.

(Un + Sinn) in Klammern zum Quadrat =
Un-Quadrat + Sinn-quadrat + 2 mal Unsinn

Anmerkung : Lernende sollten binomische Gleichungen nicht nur mit a und b beherrschen, wie es im Lehrbuch steht, sondern auch mit Un plus Sinn, Quatsch plus Kopf oder anderen lustigen Verbindungen. Zuerst werden sie erstaunt schauen und sich fragen, was das soll. Aber es gibt so viele Anwendungssituationen, wo es eben nicht die Lehrbuchvariablen a und b sind, mit denen dann gerechnet werden muss. Auch wenn der Name „binomische Gleichungen" längst vergessen ist, an solche oder andere Späßchen/Lernhilfen des Mathematiklehrers erinnern sich Lernende garantiert auch noch beim 40jährigen Abiturjubiläum.

In der Matrizenrechnung gilt folgende Gleichung : $(A \cdot B)^{-1} = B^{-1} \cdot A^{-1}$

Anmerkung : Keine Bange, hier geht es weder um einen Beweis noch um eine Anwendung dieser Gleichung noch muss man wissen, was Matrizen sind, sondern darum, wie sich Lernende diesen Zusammenhang veranschaulichen und damit gut merken können. Stellen wir uns vor, wir wollen eine Tür öffnen und haben dazu zwei Dinge zu tun : Zuerst das Schloss aufschließen, also Anweisung A ausführen und dann die Tür aufmachen, also Anweisung B ausführen. Insgesamt also $A \cdot B$ ausführen, wobei das Verknüpfungszeichen „·" mal hier bedeuten soll, erst die linke Anweisung, dann die rechte auszuführen. Wenn wir das umgekehrte tun wollen (durch das hochgestellte -1 bei $(A \cdot B)^{-1}$ ausgedrückt), dann müssen wir zuerst die Türe zumachen (B^{-1}) und dann das Schloss abschließen (A^{-1}), also insgesamt $B^{-1} \cdot A^{-1}$ ausführen. So einfach kann ich mir dann selbst komplizierte Zusammenhänge gut merken. Das hält dann auch über Jahrzehnte. Und so geht auch das Rechnen mit Matrizen flott vonstatten.

Diese Thematik greift Friedrich Wille (1935 - 1992) bei einem anderen Zusammenhang so auf :

In einer Schulklasse werden inverse Abbildungen durchgenommen. Die Lernenden verstehen es nicht auf Anhieb. Die Lehrerin erklärt es ihnen geduldig noch einmal : „Invers heißt umgekehrt ! Stellt Euch vor, ich ziehe morgens meine Bluse an, darüber meine Jacke und dann den Mantel. Besuche ich jemanden, so ist es umgekehrt : Zuerst ziehe ich meinen Mantel aus, dann meine Jacke, dann …" Die Lernenden – so wird glaubhaft berichtet – sollen nie wieder vergessen haben, was invers bedeutet.

Anmerkung : Auch das wird garantiert noch gewusst, wenn sich die Lernenden nach zig Jahren wieder treffen, auch wenn sie sonst nicht mehr viel von der Mathematik behalten haben. Und genau diesen Effekt kann ich aus eigener Erfahrung mit diesem und anderen Beispielen bestätigen.

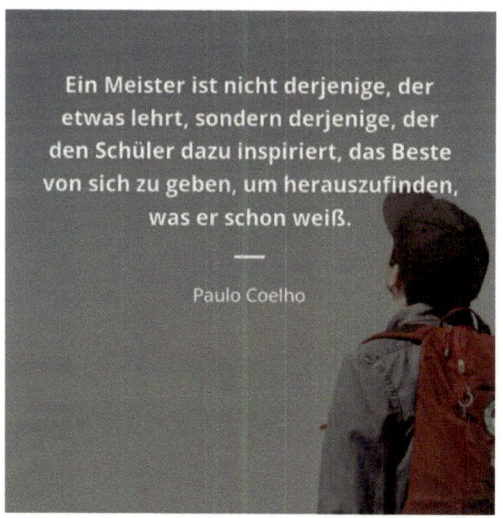

Kapitel 6 : Beweise und Definitionen

„Ist Null geteilt durch Null ebenfalls Eins ? Wenn man keine Frucht auf niemand aufteilt, bekommt dann auch jeder eine ?" (Einwurf von Srinivasa Ramanujan (1887 – 1920) als junger Schüler, nachdem der Lehrer erklärt hatte, dass eine Größe durch sich selbst geteilt immer gleich Eins ist.)

Behauptung : Laie und Fachmann sind identisch.

Beweis : Ein Laie weiß von vielem wenig. Ein größerer Laie weiß von viel mehr noch weniger. Ein extremer Laie (doppelter Grenzfall !) weiß von allem gar nichts.

Ein Fachmann weiß von wenigem viel. Ein größerer Fachmann weiß von viel weniger noch mehr. Ein extremer Fachmann (doppelter Grenzfall !) weiß von gar nichts alles.

Also : Ein extremer Laie weiß genau so viel wie ein extremer Fachmann, beide haben Null Ahnung (0 mal alles = alles mal 0).

In Formeln : extremer Laie = extremer Fachmann. Dividiert man beide Seiten der Gleichung wie in der Schule gelernt durch extremer, folgt : Laie = Fachmann. Q.e.d.

Anmerkung : Q.e.d. ist eine lateinische Abkürzung für "Quod erat demonstrandum.", auf Deutsch : "Was zu beweisen war.", einer Abkürzung, der Mathematiker eine geradezu magische Bedeutung zuordnen. Wer das noch steigern will, schreibt "Q.e.d.e.e.", "Quod erat demonstrandum et expectandum.", was auf deutsch heißt : "Was zu beweisen und zu erwarten war." Als „Trendsetter" in Bezug auf solch eine Bemerkung gilt Euklid, der im 3. Jahrhundert vor Christus gelebt hat (auf dem Briefmarkenbild mit seinen Schülern), dessen griechische Floskel am Ende eines Beweises von Bartolomeo Zamberti (1473 - 1543) in seiner Euklid-Übersetzung latinisiert wurde.

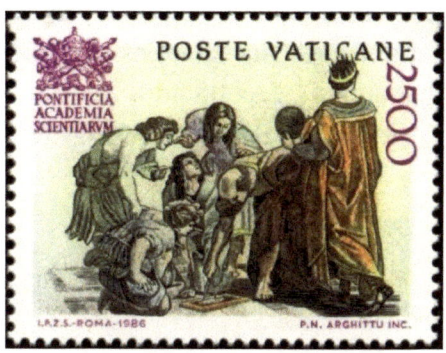

Frage : „Was wählt ein Mathematiker, wenn er die Auswahl zwischen einem belegten Brot und ewiger Seligkeit hat ?" Antwort : "Ist doch klar. Er wählt das belegte Brot." Der Beweis erfolgt nach strenger mathematischer Logik : Nichts ist besser als ewige Seligkeit und ein belegtes Brot ist besser als nichts. Logischer Schluss : Also ist ein belegtes Brot besser als ewige Seligkeit.

Anmerkung : Wer will diese Schlussfolgerung bestreiten, wenn er diese Smørrebrød auf der Briefmarke sieht. Also : Wenn Hans größer als Maria ist und Maria größer als Volker, dann ist Hans auch größer als Volker. So drückte ein Kultusminister einmal die sogenannte Transitivität aus, die im Witz als anerkannte Form logischen Schließens benutzt wird. Er warb so für das verständlich machen und das Veranschaulichen mathematischer Sachverhalte und sprach sich gegen das Verschleiern der Sachverhalte durch Fremdworte oder unverständlichen Fachjargon aus. Nachahmenswert für andere Politiker, aber auch für Mathematiker, eigentlich für uns alle.

Satz : Alle positiven ganzen Zahlen sind interessant.
Beweis : Wir nehmen einmal das Gegenteil an, dass also nicht alle positiven ganzen Zahlen interessant sind. Dann gibt es unter diesen eine kleinste nicht interessante positive ganze Zahl. Genau wegen dieser Eigenschaft ist sie aber interessant. Damit hätten wir einen Widerspruch. Die Annahme muss also falsch sein. Daher kann es keine ganze Zahl geben, die nicht interessant ist.

Anmerkung : Und wer diesen Satz und seinen Beweis verinnerlicht, der kann noch von ganz anderen Dingen beweisen, dass sie interessant sind, vorausgesetzt, man kann diese Dinge so anordnen, dass man ein erstes/letztes oder ein kleinstes/größtes auswählen kann.

Es gibt zwei sich widersprechende Forschungsergebnisse über Käse : Es gilt einerseits : Je mehr Käse, desto mehr Löcher. Aber auch in

einer anderen Studie : Je mehr Löcher, desto weniger Käse. Schlitz-
ohren folgern aus beiden : Je mehr Käse, desto weniger Käse.

Anmerkung : Wer hier denkt, dies sei ein Fall für eine lediglich for-
male Anwendung einer Transitivitätsbeziehung, die man getrost einem Computer überlassen könne, der irrt sich sehr. Und ein Typ wie
der Chevalier de Méré (1607 – 1684) würde nicht nur behaupten,
dass die Mathematik sich widerspricht, sondern dass sich sogar die
Logik, also das Fundament der Mathematik, widerspricht. Aber ein
Vergleich einer Scheibe Edamer mit einer Scheibe Emmentaler
macht es deutlich, dass hier zumindest eine dritte hier wirksame und
für das Zusammenspiel wichtige Größe nicht beachtet wurde, der
Anteil des Käsevolumens am Gesamtvolumen des Käse-Loch-Kon-
glomerats, die in beiden Prämissen unterschiedlich auf die anderen
beteiligten Größen einwirkt.

Oder liegt der Widerspruch daran, dass Findus, der Kater von Pettersson, Löcher in normalen Käse bohrt (siehe die Marke zu 85 Rappen ganz rechts im Schweizer Markenheft von 2011), um echten Schweizer Käse zu erzeugen und so erst die Verwirrung erzeugt ?

Behauptung 2/3 = 3/4.
Beweis : Berechne die Wahrscheinlichkeit, bei zweimaligem Wurf einer idealen Münze wenigstens einmal Wappen zu erzielen.

Lösung 1 von Jean-Baptiste le Rond d'Alembert, 1717 – 1783 : Er schrieb 1754 : Wir werfen zweimal eine Münze hintereinander. Beim ersten Wurf haben wir entweder Wappen oder aber Zahl. Beim zweiten Wurf bekommen wir entweder Wappen oder Zahl. Wir haben also 2 günstige Fälle (einmal W, zweimal W) und einen ungünstigen (keinmal W). Die Wahrscheinlichkeit beträgt daher 2/3.

Lösung 2 von Jodokus Rauschebart, vor über 50 Jahren, nur ist dies Manuskript leider verschollen, oder Lehrbücher der Stochastik : Wir werfen zwei verschiedene Münzen gleichzeitig und erhalten 4 Ergebnisse : WW, WZ, ZW und ZZ. Drei günstigen Fällen steht ein ungünstiger gegenüber. Die Wahrscheinlichkeit beträgt also 3/4.

Anmerkung : Auch Mathematiker, deren Namen wegen ihrer großen Leistungen heute immer noch genannt werden, können sich irren. Aber gerade aus der Diskussion solch scheinbarer Paradoxien ist die Mathematik immer wieder erneuert und gestärkt hervorgegangen, hat ihre Methoden verfeinert. Heute wissen wir, dass es vollkommen gleichgültig ist, ob wir eine einzige Münze zweimal hintereinander werfen oder zwei verschiedene Münzen gleichzeitig. In beiden Fällen erhalten wir gleiche Wahrscheinlichkeiten. Heute wissen wir auch, dass sich hinter der Formulierung „einmal W" zwei Möglichkeiten/ Fälle verbergen, so dass die scheinbare Paradoxie aufgelöst ist. Trotzdem wird auch dieser Fehler noch heute immer wieder gemacht. Stochastisches Denken ist halt so ganz anders als das Denken in den anderen Gebieten der Mathematik.

Definitionen sind das Salz in der Suppe der Naturwissenschaften. Wie würdest Du den Begriff „gerade" definieren im Sinne von „Ein Rohr ist gerade." ? Schauen wir in ein Buch für Ingenieure : „Man nehme ein unbegrenzt langes, hartes, unelastisches, hohles Rohr, im Innern davon eine ebenso lange, harte, unelastische Achse mit etwas kleinerem Durchmesser als der Innendurchmesser des Rohrs. Rotiert diese innere Achse relativ zum Rohr, ohne dass sie bei voller Umdrehung das Rohr irgendwo berührt, dann sind Rohr und Achse als „gerade" zu betrachten.

Anmerkung : Unterdrückst Du gerade ein Schmunzeln ? Nun solltest Du doch ganz genau wissen, was gerade ist. Hast Du denn auch alles verstanden ? Oder gehörst Du etwa zu den Menschen, die ausgerechnet hier eine explizite Definition erwarten im Sinne von „ist gerade, wenn …"? Oder dreht sich bei Dir alles im Kopf, wenn Du die bewusst etwas unscharf gehaltene Abbildung auf der Briefmarke, die auch einen wichtigen Beitrag zur vorgestellten „Definition" leistet, scharf fixierst und längere Zeit betrachtest?

Wenn wir schon bei Definitionen sind. Wie lautet denn eine exakte Definition der Eisenbahn?

Das Reichsgericht zu Leipzig hat in einem Schadensersatzprozess am 17.03.1880 die folgende Definition gegeben: „Ein Unternehmen, gerichtet auf wiederholte Fortbewegung von Personen oder Sachen über nicht ganz unbedeutende Strecken auf metallener Grundlage, welche durch ihre Konsistenz, Konstruktion und Glätte dem Transport großer Gewichtsmassen bzw. die Erzielung einer verhältnismäßig bedeutenden Schnelligkeit der Transportbewegung zu ermöglichen bestimmt ist, und durch diese Eigenart in Verbindung mit den außerdem zur Erzeugung der Transportbewegung benutzten Naturkräfte (wie Dampf, Elektrizität, tierischer, menschlicher Muskeltätigkeit, bei geneigter Ebene der Bahn auch schon der eigenen Schwere, der Transportgefäße und deren Ladung usw.) bei dem Betriebe des Unternehmens auf derselben eine verhältnismäßig gewaltige (je nach den Umständen nur in bezweckter Weise nützliche oder auch Menschenleben vernichtende und die menschliche Gesundheit verletzende) Wirkung zu erzeugen fähig ist."

Anmerkung: Lieber Leser, ist alles klar? Nun dürfte doch auch die/der Letzte wissen, was eine Eisenbahn ist. Oder etwa nicht?

Die Eisenbahner definierten danach den Charakter des Reichsgerichts ebenfalls in einem Satz : „Ein Reichsgericht ist eine Einrichtung, die dem allgemeinen Verständnis entgegenkommen sollende, aber bisweilen durch sich nicht ganz vermeiden lassende, nicht ganz unbedeutende beziehungsweise gewaltige Fehler im Satzbau auf der schiefen Ebene des durch verschnörkelte und ineinander geschachtelte Perioden ungenießbar gemachten Kanzleistils herab gerollte Definitionen, die das menschliche Sprachgefühl verletzende Wirkung zu erzeugen fähig sind, liefert."

Anmerkung : Ist das nicht ein wunderschöner Konter ?

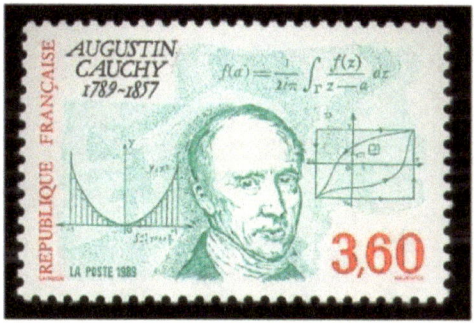

Ein Philosoph belehrt uns, was die Gleichung y = f(x) bedeutet, wenn er folgende „Definition" wagt : „Und das ist der Sinn der Formel der Funktion. Y bleibt nicht y; sondern es wird in f(x) verwandelt. So wird der Anspruch der Verschiedenheit herabgedrückt. Y ist nicht schlechthin y, als welches es von x schlechterdings verschieden bliebe, so dass der Eingriff von x auf y nur als ein Übergriff erscheinen müsste; als die geheimnisvolle Macht von außen. Nein, y lässt sich als f(x) denken. So entsagt es für den Zweck der Rechnungsoperation dem Anspruch der Verschiedenheit und unterwirft sich der Gleichartigkeit mit x. Diese Unterwerfung ist ein viel genauerer Ausdruck der Abhängigkeit als die widerlegte Vorstellung derselben; denn diese Unterwerfung ist der Ausfluss der eigenen und eigensten Souveränität des reinen Denkens, die ebenso rein in y wie in x sich bestätigen muss. So bewährt y in dieser reinen Unterwerfung unter x, die in f(x) liegt, die Souveränität des reinen Denkens, der eine fremde Macht in x widerstreiten würde; und es vertritt zugleich den wohlverstandenen Anspruch der Verschiedenheit. Denn ist es nicht auch eine Verschiedenheit, die in f(x) gegen x auftritt?"

Anmerkung : Alles klar, liebe Lesende. Jetzt wissen wir alle, was eine Funktion f ist und können unsere neuen Kenntnisse direkt an den Funktionen auf der Briefmarke von Augustin-Louis Cauchy demonstrieren. Mathematikdidaktiker müssen sich umorientieren, wenn sie Studierenden des Lehramts auf ihre kommende Lehrtätigkeit Aufgabe vorbereiten wollen, wenn sie diese Vorstellung von f erfolgreich in den Köpfen der Lernenden verankern wollen, ob auch in die Herzen wage ich jedoch vehement zu bezweifeln.

Kapitel 7 : Zum Schmunzeln

„A good mathematical joke is better, and better mathematics, than a dozen mediocre papers."

(Ein guter mathematischer Scherz ist besser und sogar bessere Mathematik als ein Dutzend mittelmäßiger Arbeiten.)

(John E. Littlewood (1885 - 1977)

„Wenden Sie das, was Sie in meiner Vorlesung gehört haben, niemals privat an.", sagte ein Professor für mathematische Optimierung in seiner Vorlesung. „Ich habe meine Frau bei der Zubereitung des Frühstücks beobachtet und festgestellt, dass sie sehr viel Zeit mit unnötigen Wegen und Handgriffen vergeudet. Ich ging an meinen Schreibtisch, optimierte den Vorgang und erzählte meiner Frau davon. Meine Frau brauchte bisher gut eine halbe Stunde, um das Frühstück zuzubereiten. Jetzt muss ich das Frühstück machen und brauche weniger als eine Viertelstunde."

Anmerkung : Wie wahr, wie wahr, das kann ich aus eigener Erfahrung bestätigen. Aber es handelt sich ja auch um an der Realität orientierte Mathematik, und nicht um abstrakte Mathematik aus dem Elfenbeinturm der Universität. Und was hat diese Briefmarke mit Frühstück zu tun ? Na klar, „Frühstück bei Tiffany". Und die Erben wollten Audrey Hepburn nicht mit Zigarette im Mund sehen, also haben sie fast alle Marken aufgekauft, daher ist die Briefmarke so selten und nicht in meiner Motivsammlung.

(Quelle: dpa/bwe)

Ein reiner Mathematiker, ein angewandter Mathematiker und ein Finanzmathematiker bewerben sich bei einer Bank. Sie werden nach ihrer Gehaltsvorstellung gefragt. Der reine Mathematiker : „Wären 30 000 € zu viel ?" Der angewandte Mathematiker : „60 000 € sind angemessen, denke ich." Der Finanzmathematiker : „300 000 €, wie wäre es damit ?" Der Personalchef ist platt : „Wissen Sie, dass der reine Mathematiker bereit ist, für ein Zehntel von dem, was Sie erwarten, zu arbeiten ?" Erwidert der Finanzmathematiker : „Naja, ich dachte an 135 000 € für mich, 135 000 € für Sie und an 30 000 € für den reinen Mathematiker, der die ganze Arbeit macht."

Anmerkung : Schon lange vor der Finanzkrise kursierte dieser Witz. Aber heute hat er eine beklemmende Aktualität bekommen. Und leider gibt es immer noch diejenigen, die sich an dem ihnen anvertrauten Geld schamlos bereichern, oder es sinnlos verzocken. Und andere müssen schwer arbeiten und die Zeche dafür bezahlen.

Ein Soziologe, ein Ingenieur und ein Mathematiker sitzen im Euro-City Zürich – München und schauen irgendwo im Allgäu zum Fenster hinaus. Steht da eine Kuh auf der Weide. Sagt der Soziologe : „Ah, im Allgäu sind die Kühe braun." Sagt der Ingenieur : „Na ja, man kann sagen, im Allgäu gibt es braune Kühe." Sagt der Mathematiker nach langem Nachdenken : "Meine Herren, was wir wirklich wissen, ist doch nur, im Allgäu gibt es mindestens eine Kuh, die auf mindestens einer Seite braun ist."

(Quelle : DB)

Anmerkung : Mathematiker sind immer etwas langsam, sie brauchen halt ihre Zeit, bis auch bei ihnen der berühmte Groschen gefallen ist. Aber sie bedenken eben auch alles möglichst von allen Seiten, möglichst allgemein und legen alles auf die berühmte Goldwaage. Und dass diese drei lange Zeit immer dieselbe Kuh sehen, das macht diese Geschichte doch nur authentisch, wie jeder, der schon mal Stunde über Stunde im Zug von Zürich nach München gesessen hat, bestätigen kann. Und sage niemand, der Mathematiker sei pingelig; denn er beschreibt doch nur, was alle ganz genau wissen, weil sie es so und nicht anders gesehen haben, aber eben nichts darüber hinaus, worüber die anderen nur spekuliert und in unzulässiger Weise verallgemeinert haben. Wird es auf der neu-elektrifizierten Strecke mit neuen Zügen (siehe Bild) und neuer Signaltechnik schneller ?

Ein Mathematiker flog einmal nonstop von Calgary nach Frankfurt. Der Flug sollte 9 Stunden dauern. Einige Zeit nach dem Start meldete sich der Pilot : „Wir haben ein Problem und mussten ein Triebwerk abschalten. Es besteht kein Grund zur Angst. Der Flug dauert nur etwas länger. Wir benötigen nun insgesamt 10 Stunden". Einige Zeit später meldete sich der Pilot wieder : „Wir haben weiterhin ein Problem und mussten noch ein Triebwerk abschalten. Es besteht aber kein Grund zur Angst. Der Flug dauert nur etwas länger. Wir benötigen nun insgesamt 12 Stunden". Einige Zeit später meldete sich der Pilot wieder : „Wir haben weiterhin ein Problem und mussten ein drittes Triebwerk abschalten. Es besteht immer noch kein Grund zur Angst. Der Flug dauert nur etwas länger. Wir benötigen nun mit dem letzten intakten Triebwerk insgesamt 16 Stunden". Dreht sich der Mathematiker zu seinem Nachbarn hin und sagt : „Wenn jetzt noch ein Triebwerk ausfällt, brauchen wir insgesamt 24 Stunden."

Anmerkung : Hast Du auch schon mal einen psychologischen Test gesehen, in dem stand : „Gegeben sind die Zahlen 1, 2, 4. Setze diese Zahlenfolge fort." ? Du brauchst keine Mathematik zu beherrschen, sondern nur gesunden Menschenverstand zu besitzen, um zu wissen, dass die Fortsetzung „8", die hier offenbar erwartet wird, wenn alles so weitergeht, wie es die ersten Zahlen andeuten, zwar eine Lösung der Aufgabe ist, aber eine von vielen möglichen, nur nicht die einzige Lösung. Aber sage das mal einem Psychologen, der solch einen Einstellungstest für eine Firma entwirft, und dem Personalchef der Firma, der diesem Psychologen und diesem Test blind vertraut.

Nachbarschaftsdialog im Treppenhaus : „Die Müllers haben sich scheiden lassen." „Sag bloß ! Aber warum denn ?" „Er ist Mathematiker und sie ist unberechenbar."

Anmerkung : Viele Mathematiker betonen immer wieder : „Schlecht rechnen kann ich gut.". Sie überlassen „Rechenknechten" das lästige Rechnen. Sie wissen wohl, wie man die Rechnung durchführt, und könnten es vielleicht anderen auch noch grob erklären, aber fragt sie bitte nicht danach, wie das nun im Einzelnen genau geht, vor allem nicht, wie das im Einzelnen zu begründen ist. Damit dürfen sich dann Mathematikdidaktiker und Mathematiklehrer beschäftigen, die sich das selber erarbeiten und ausdenken müssen, weil es die ausbildenden Mathematiker der Universität ihnen nicht beibringen.

In Schulbüchern findet man häufig so wunderschön lebensnahe anwendungsorientierte Aufgaben wie zum Beispiel : „Wenn 10 Maurer bei 8-stündiger Arbeitszeit in 200 Tagen einen gewissen Haustyp bauen, wie viele Maurer braucht man dann für dasselbe Haus bei 1-stündiger Arbeitszeit in 40 Tagen ?"

Anmerkung : Dreisatz oder Regeldetri (Regula de tribus numeris), wie man es früher nannte, ist ein tolles Rechenverfahren. Und wenn es kein Druckfehler bei der Stundenzahl ist, dann liefert ein einfacher Dreisatz die Lösung 400 Maurer. Aber wer so fragt, darf sich nicht wundern, wenn Lernende dann auch wissen wollen, wie viele Maurer man braucht, wenn das Haus in einem einzigen Tag fertig sein soll. Und der Schulbuchautor ebenso wie der Lehrer, der solch eine Aufgabe mit so tollen Erweiterungsmöglichkeiten stellt, ist uns eine Erklärung schuldig, nämlich wie so viele Menschen auf so kleinem Raum arbeiten können, damit sie sich nicht gegenseitig auf die Hühneraugen treten.

Und zum Erproben, wie realitätsnah sich Rechnungen mit Hilfe des Dreisatzes erweisen, sind folgende weiteren Aufgaben wärmstens zu empfehlen:

„Wenn eine Grundschullehrerin 4 Jahre benötigt, um einen Schüler für den Unterricht auf einer weiterführenden Schule, zum Beispiel einem Gymnasium, erfolgreich vorzubereiten, wie viele Grundschullehrer (beachte das Geschlecht !!!) schaffen dies in einer Woche ?“

„Wenn ich ein Ei sieben Minuten in kochendem Wasser lasse, damit es den von mir gewünschten Zustand hat, wie lange brauche ich dann für 4 Eier ?“

„Wenn 1,5 Hühner in 1,5 Tagen 1,5 Eier legen, wie viele Eier legt dann 1 Huhn in 1 Tag ?“

„Wenn Bayern München in den ersten beiden Bundesliga-Spielen der neuen Saison 5 Tore erzielt, wie viele Tore sind dann in einer Saison mit 34 Spielen zu erwarten ?"

(Vorsicht mit dem Würfel oben rechts !)

„Eine Wette, dass ich mit 4 Würfen eines normalen Würfels mindestens einmal „6" würfle ist günstiger als eine Wette, dass ich keinmal eine „6" würfle. Wie oft muss ich folglich mindestens mit 2 Würfeln würfeln, damit eine Wette, dass ich mindestens eine Doppelsechs würfle günstiger ist als eine Wette darauf, dass ich keinmal eine Doppelsechs würfle ?"

„Rudi hat sich beim 100 m-Lauf auf 12,0 Sekunden verbessert. Seine Freunde raten ihm, am nächsten 10 000 m-Lauf teilzunehmen. Sie haben errechnet, dass er dort eine absolute Fabelzeit laufen würde."

„In einer Liga spielen 10 Mannschaften. Wenn jede Mannschaft gegen jede andere in Hin- und Rückspiele antritt, dann sind insgesamt 90 Spiele erforderlich. Wie viele Spiele sind das insgesamt, wenn es 20 Mannschaften sind ?"

Anmerkung : Nach so viel Trallala zum Problem Dreisatz oder nicht Dreisatz, noch eine Anekdote zum Schmunzeln. Wir bleiben auch im weitesten Sinn beim Thema :

Ein Schulrat ist dafür bekannt, dass er sich bei Unterrichtsbesuchen auch mal selber an die Lernenden wendet. Bei solch einer Gelegenheit stellte er mal die Frage, welche Vorstellung die Lernenden vom Wort „Proportion" haben. Prompte Antwort von Fritzchen : „Beim Eiswagen kostet das Eis 1,20 € pro Portion."

Anmerkung : Auch aus Fehlern können wir lernen und auch aus solchen Antworten können wir das Beste machen, und sollten das auch tun. Hauptsache, der Fragesteller greift diese Antwort auf und führt mit richtigen Impulsen Lernende dahin, dass sie etwas Sinnvolles daraus lernen. Leider sind erfahrungsgemäß aber solche Fragesteller auf eine ganz bestimmte Antwort, ja sogar ganz bestimmte Formulierungen fixiert und sehen meist nicht, was sich aus einer von ihnen nicht erwarteten ungewöhnlichen Antwort entwickeln lässt.

Die Regierung Kolumbiens senkte den Kurs zum peruanischen Sol, so dass man jetzt für 1 peruanischen Sol (PEN) 90 kolumbianische Centavos bekommt. Die Regierung Perus legte ihrerseits folgenden Kurs zum kolumbianischen Peso (Kol$) fest : Für einen kolumbianischen Peso erhält man 90 peruanische Centimos. Pedro wohnt an der Grenze von Peru und Kolumbien. Er geht nach Peru und trinkt dort sein Bier für 10 Centimos. Für den peruanischen Sol, mit dem er bezahlt, bekommt er als Wechselgeld entweder 90 peruanische Centimos oder 1 kolumbianischen Peso. Er nimmt 1 kolumbianischen Peso. Er geht zurück nach Kolumbien und trinkt dort sein Bier, das dort 10 Centavos kostet. Für den kolumbianischen Peso, mit dem er bezahlt, erhält er entweder 90 kolumbianische Centavos oder 1 peruanischen Sol als Wechselgeld. Er nimmt 1 peruanischen Sol. Und so kann er die Grenze hin und her wechseln und immer kostenlos sein Bier trinken. Außer dem Startkapital von 1 peruanischem Sol braucht Pedro kein Geld. Wer bezahlt eigentlich das Bier, das Pedro trinkt ?

Anmerkung : Wäre dett nich wunderbar ? Da wünscht man sich doch glatt den Fleckenteppich deutscher Duodez-Mini-Herrschaften zurück sowie solche Regelungen, um so etwas im kleinen Grenzverkehr auszuprobieren und auszunutzen. Aber wer zahlt denn da wohl die Zeche, wenn zwei Nachbarländer die jeweils eigene Währung gegenüber der anderen bevorzugt bewerten ? Natürlich wie in allen anderen Fällen auch, die Steuerzahler beider Länder. Die Regierungen garantieren den Wechselkurs und die Untertanen blechen für jeglichen Unsinn. Und wo so etwas hinführt, zeigen die vielen Abwertungen der Währungen. Höre ich bei diesem Beispiel einen Experten murmeln von wegen typisch Mathematiker, völlig praxisfern ?

O alte Studentenherrlichkeit.

Wer n Mädchen heftig küsst bis zum Jahresende
und m andere schüchtern grüßt, dieser ist Studente
dann und nur dann, wenn hierbei, wie man leicht befindet,
n ist mindestens gleich zwei und das m verschwindet.

Anmerkung : Dieses Gedicht von Hubert Cremer (1897 - 1983) kann auch auf die Melodie „Gold und Silber lieb ich sehr …" gesungen werden, und das nicht nur im Seminar oder am Stammtisch. Es ist Mathematik so richtig zum Knuddeln. So macht mir Mathematik mit ihren Fachausdrücken (termini technici) richtig Spaß. Und nun die chemische Variante dieses Lieds, ebenfalls von Hubert Cremer :

Wer Ammonium-Schwefel nie sich aufs Kleid gegossen,
hat die Schönheit der Chemie nimmer voll genossen.
Wer nie stank nach H_2S, der hat nie studieret,
hätt er auch sein siebzehntes Praktikum testieret.

„Was ist ein Kreistier ?", so wurde einmal der Tierarzt gefragt, zu dem man im Kreishaus (komisch, aber wahr) um viele Ecken herum gehen musste, um sein Dienstzimmer zu erreichen. „Ein Kreistier ? Kenne ich nicht. Was soll das denn sein ?", fragt der Tierarzt ratlos zurück. „Aber sie müssen das doch wissen. Sie sind Kreistierarzt."

Es gibt Tiere, Kreise und Ärzte.
Es gibt Tierärzte, Kreisärzte und Oberärzte.
Es gibt einen Tierkreis und einen Ärztekreis.
Es gibt auch einen Oberkreistierarzt.
Ein Oberkreistier aber gibt es nicht.
(Roda Roda alias Sándor Friedrich Rosenfeld, 1872 – 1945)

Anmerkung : Ist eine Mädchenhandelsschule nun eine Handelsschule für Mädchen oder eine Schule für Mädchenhandel ? Mathematiker gelten ja als pingelig, sie fordern Eindeutigkeit. Da aber für die Verkettung von Worten das Assoziativgesetz nicht gilt, sind Klammern erforderlich, um darzustellen, was genau gemeint ist, also Kreis(Tierarzt) und nicht (Kreistier)Arzt sowie Mädchen(Handelsschule) und nicht (MädchenHandels)Schule.

Am 16.05.1841 schrieb der französische Romanschriftsteller Gustave Flaubert an seine Schwester Karoline : „Da Du Geometrie und Trigonometrie treibst, will ich Dir eine Aufgabe stellen : Ein Schiff fährt mit einer Ladung Baumwolle von Boston nach Le Havre. Es fasst 200 Tonnen. Ein Mast ist gebrochen, ein Schiffsjunge steht an Back, zwölf Passagiere befinden sich an Bord. Der Wind bläst aus ONO, die Uhr zeigt ein Viertel nach drei Uhr nachmittags, man ist im Monat Mai … Wie alt ist der Kapitän ?“

Anmerkung : Da haben wir also den Ursprung der in der Mathematikdidaktik so berühmten Kapitänsaufgaben. Wie viele Informationen werden da gegeben, alle unnütz und können nicht zur Beantwortung der eigentlichen Frage herangezogen werden. Auch hier werden bekannte Vorurteile gegen Mathematiker bedient (zu viele Angaben, alle sehr präzise, alle unnütz). Aber lese ich da nicht auch eine gehörige Portion Spott und auch Überheblichkeit heraus, und zwar gegenüber Frauen ? Eine Haltung, die gewisse Männer gegenüber Frauen, die sich mit Mathematik beschäftigen, kultivieren ? Als sei Mathematik eine reine Männerdomäne, in der Frauen nichts zu suchen haben und auch nichts leisten können. Aber hat sich bis heute in dieser Hinsicht irgendetwas geändert ?

Mathe klang für mich immer so:

Zwei Goldfische wanderten durch die Wüste. Der eine war rot, der andere dünn. Wie viel wiegt die Palme wenn es regnet?

Kapitel 8 : Merkwürdige Typen

„Ein Scherz, ein lachend Wort entscheidet oft die größten Sachen treffender und besser als Ernst und Schärfe."

(Quintus Horatius Flaccus genannt Horaz, 65 – 8 v. Chr.)

Ein Mathematikprofessor will selber ein Bild aufhängen und holt Leiter, Nagel und Hammer. Er hält den Nagel mit dem Kopf zur Wand. Als er zuschlagen will, schaut er noch einmal genau hin und stutzt. Er überlegt und überlegt und überlegt ... Endlich nach über 5 Minuten konzentrierten Nachdenkens ruft er aus : "Das ist ein Nagel für die gegenüberliegende Wand !"

Anmerkung : Typisch Mathematikprofessor, er hat lange nachgedacht, situationsbedingt absolut korrekt formuliert, aber eine für ihn unbrauchbare Lösung erhalten. Er muss doch nur den Nagel umdrehen. Das weiß jeder Handwerker. Wissenschaftlich ist es nur eine einfache Abbildung im 3-dimensionalen Raum. Aber so konkret denkt kein abstrakter Wissenschaftler. Hätte er bei diesem Nagel (siehe das Bild des Malers auf der Briefmarke) auch Probleme mit oben/unten, vorne/hinten oder rechts/links gehabt ?

Ein Mathematikprofessor hatte einmal seinen Schirm vergessen, nachdem er in einigen Geschäften war. Seine Frau schickte ihn sofort zurück, den Schirm zu holen. Nach vergeblichen Fragen nach dem Schirm bekam er ihn schließlich im vierten Geschäft ausgehändigt. "Sie, liebe Frau, sind wenigstens ehrlich und geben mir mein Eigentum zurück", sagte er zur Inhaberin. "In den anderen Läden will niemand etwas von der Existenz dieses Schirms gewusst haben."

Anmerkung : Das muss nun aber nicht unbedingt ein Mathematikprofessor gewesen sein. So kauzige Exemplare gibt es auch in anderen Bereichen. Zerstreutheit ist fachunabhängig, nicht fachspezifisch und kommt nicht nur bei Professoren vor. Und wer mit einem solchen Schirm wie auf der Briefmarke fliegen will, der muss allerdings alle Sinne beisammen haben.

Ein zerstreuter Professor, ein sehr zerstreutes Exemplar dieser besonderen Spezies Mann, wachte am Tag nach seiner Hochzeit auf und entdeckte im Bett neben sich eine Frau. Er rief entsetzt : "Emmi, was machen Sie in meinem Bett ?"

Der zerstreute Professor erkennt seine Besucherin nicht. Sie will ihm auf die Sprünge helfen : "Ich bin die Studentin, die Sie einmal heiraten wollten !" "Interessant. Habe ich es getan ?"

Anmerkung : Muss ich so nette Geschichten noch kommentieren ? Ergo : No comment.

Es war in den ersten Jahren des 20. Jahrhunderts. Der Direktor der Göttinger Sternwarte pflegte mit seinen Freunden gemeinsam zu Mittag zu essen. Als er heiratete, brach diese Tradition ab. Nach einigen Wochen erschien er wieder und es entspann sich wie früher eine rege Diskussion über aktuelle Themen. In einer Pause der Diskussion fragte ihn einer seiner Freunde : "Wie gefällt ihnen das Eheleben ?" Der Direktor sprang verdutzt auf : "Eheleben ? Ach ja … Entschuldigung. Hab ich ja ganz vergessen. …" Und rasch verließ er die Runde.

Anmerkung : Wer nur solche Bilder wie auf der Briefmarke in seinem Kopf hat und sich ständig damit beschäftigt, kann schon mal Ereignisse, die für andere lebenswichtig sind, vergessen. Aber ist das nur eine Schwäche von besonders in den Beruf vernarrten Professoren oder kommt so etwas heute auch bei emanzipierten berufstätigen Frauen vor ?

David Hilbert (1862 – 1943) konnte alles um sich vergessen, wenn er in Gedanken war. Eines Abends erwartete er Gäste und seine Frau bat ihn, eine andere Krawatte umzubinden. Als er nach Eintreffen des

Besuchs noch nicht wieder erschienen war, suchte seine Frau nach ihm und fand ihn im Bett schlafend. Von ihr geweckt, meinte er : „Ich muss ganz in Gedanken gewesen sein. Ich habe mir die Krawatte abgebunden, und nun war ich so sehr beim Ausziehen, dass ich mich ins Bett legte."

Anmerkung : Wer hätte so etwas von einem berühmten Mathematiker gedacht ? Aber auch berühmte Persönlichkeiten haben so ihre Schwächen, wie dieses Beispiel zeigt. Und es macht sie so menschlich, wenn solche Schwächen bekannt werden.

Der Physiker Gustav T. Fechner (1801 – 1887) stellte vor einer Vorlesung fest, dass sich seine Uhr nicht wie gewohnt in der linken Westentasche befand. Er beauftragte einen Assistenten, die Uhr zu holen, die er wohl im Esszimmer seiner Wohnung liegengelassen hätte. Zerstreut griff er in die rechte Westentasche, blickte auf die Uhr und fügte hinzu: "Es ist jetzt neun Uhr. Wenn Sie sich beeilen, sind sie rechtzeitig wieder da."

Anmerkung : Akademische Veranstaltungen fangen in der Regel c.t. (cum tempore) und nicht s.t. (sine tempore) an, in diesem Falle also nicht wie im Vorlesungsverzeichnis vermerkt um 9 Uhr, sondern erst um 9.15 Uhr. Es ist also in der Tat noch genug Zeit, wenn der Herr Professor nahe bei seinem Institut und dem Vorlesungsraum wohnt. Leider sind uns weder Antwort noch Reaktion des Assistenten überliefert. Ob der die Anweisung ausgeführt hat ? Wenn ja, in welche Aufregung wurde Frau Professor versetzt, wenn im Esszimmer trotz intensiven Suchens keine Uhr zu finden war ?

Ein Mathematiker löst einen Busfahrschein und legt einen 10 €-Schein hin. Er erhält seine Fahrkarte, 19 € Wechselgeld und steckt beides ein. Plötzlich fragt der ihn Busfahrer : „Wie viel Geld haben Sie mir gegeben ? „10 Euro", antwortet der Mathematiker. „Und wie viel Wechselgeld habe ich Ihnen zurück gegeben ?" „19 Euro", erwidert der Mathematiker. Darauf völlig entrüstet der Busfahrer : „Und warum haben Sie sich nicht gemeldet ?" Sagt der Mathematiker : „Woher soll ich denn wissen, was ihre Fahrkarte kostet ?"

Anmerkung : Zerstreut ist er wohl nicht, dieser Mathematiker, aber ziemlich weltfremd. Mit Fahrplan-App und Handy-Ticket wäre das nicht passiert. Na, kommt hier ein anderes Vorurteil gegenüber Mathematikern zum Ausdruck ?

Ein gewisser Mathematikprofessor war dafür bekannt, dass er in seinen Vorlesungen häufig Dinge durcheinander brachte. Wem passiert das nicht schon mal ? Aber dieser Professor fiel durch zu große Häufigkeit auf wie Studierende berichten : „Er sagt A, schreibt B, meint C, rechnet mit D, aber E wäre richtig gewesen."

Anmerkung : Das klingt ganz nach George Polya (1887 – 1985), der 1945 in seinem Buch „How to Solve it" geschrieben hat : „Der traditionelle Mathematikprofessor ist nach landläufiger Meinung zerstreut. … Er schreibt a, sagt b, meint c, aber es sollte d sein."

Carl Friedrich Gauß (1777 – 1855) traf als Junge einmal ein stadtbekanntes Original, Onkel Heinke genannt, vor dem Braunschweiger Dom. "Na, min Jung", sagte Onkel Heinke. "Siehst Du da oben auf der Kirchturmspitze die Wespe ?" "Nein", erwiderte Gauß schelmisch zwinkernd, "aber ich höre sie summen."

Anmerkung : Ganz schon clever, dieser kleine Carl Friedrich, der später einmal wegen seiner überragenden Leistungen in der Mathematik als "Fürst der Mathematik" bezeichnet wurde. Oder hat man ihm später, als er berühmt war, solche Geschichten angedichtet ?

Der Berliner Mathematiker Eduard Kummer (1810 – 1893) kommt in seiner Vorlesung an die schwierige Aufgabe 7·9. Er stockt und denkt nach. Da ruft ein Zuhörer aus Scherz : „61." Ein anderer : „65." Darauf Kummer : „Aber meine Herren, 7·9 kann doch nur entweder 61 oder 65 sein."

Anmerkung : Ob erfunden oder nicht, ein Körnchen Wahrheit steckt sicher in dieser Anekdote; denn von Kummer wird glaubhaft überliefert, dass er, der bekannte Mathematikprofessor, bei leichten Rechnungen immer stockte und seine Zuhörer bat : „So helfen Sie mir doch." Ob der als Zahlentheoretiker bekannte Professor bei der Quaternionen-Multiplikation auch solche Probleme hätte ?

"Kommilitone Schmidt-Lüdenscheid ist unter die Dichter gegangen, für die Mathematik hatte er zu wenig Phantasie."

(https://www.luedenscheid.de/luedenscheid_erleben/stadtinfos/ wussten_sie/sp_auto_303.php)

Anmerkung : Es handelt sich nicht um den von Loriot bekannten Müller-Lüdenscheid noch den aus der Textilbranche stammenden Müller-Wipperfürth, sondern um einen Studierenden, dessen Platz tagelang leer geblieben war, weil der ein Germanistikstudium begonnen hatte. Diesen Ausspruch habe ich von meinem akademischen Lehrer in der Anfängervorlesung „Analysis 1" selber gehört. Er wird auch vielen anderen Mathematik-Professoren nachgesagt. Und so wurden und werden Anekdoten, Aussprüche oder besonders humorige Anmerkungen bei Vorlesungen, Seminaren, Vorträgen oder Tagungen an Instituten oder über Medien weitergegeben, ihr Ursprung ist meist nicht mehr exakt zu eruieren, ihre Urheber ebenso wenig.

Als Lazarus Bendavid sein Mathematikstudium in Göttingen beendet hatte, schrieb ihm sein akademischer Lehrer Abraham Gotthelf Kästner (1719 – 1800) ein Zeugnis, in dem stand : "Ich bezeuge hiermit, dass Herr Bendavid, Kandidat der Mathematik, auf jede mathematische Lehrstelle Anspruch erheben darf, nur nicht auf meine."

Anmerkung : Was ist das heute für ein Herumwurschteln mit letztlich nichtssagenden Noten, aber auch mit der "Scheinheiligkeit" in der Zulassung zu Abschlussprüfungen mit geforderten Bescheinigungen oder Abprüfen absolut unwichtiger Dinge und mit Abschlüssen, die auf eine Stelle nach dem Komma genau bewertet werden. Können wir aus Erfahrung so etwas Ernst nehmen ? Mir sagt solch ein Zeugnis Kästnerscher Art mehr als ein heutiger Master-Abschluss, vor allem dann, wenn ich den Ersteller des Zeugnisses kenne.

An einem Göttinger Stammtisch wurde die Aufgabe gestellt, eine Grabinschrift zu finden, die auf jeden passt. Abraham Gotthelf Kästner war der einzige, der eine Lösung vorstellte. Er dichtete : „Lieber Leser, hier liegen meine Gebeine, viel lieber säh ich, es wären Deine.“

Anmerkung : Es gibt sie also doch, Mathematiker, die Humor haben. Fantasie müssen wir ja – siehe einige Scherze früher - als selbstverständlich voraussetzen.

Kapitel 9 : Rotkäppchen

„Ein Mathematiker, der nicht irgendwie ein Dichter ist,
wird nie ein vollkommener Mathematiker sein."

Rotkäppchen für Mathematiker

Es war einmal ein Mädchen, dem wurde eineindeutig eine rote Kappe geringer Oberfläche zugeordnet, wodurch es als Rotkäppchen definiert wurde. "Kind", sagte die Mutter, „werde kreativ, mathematisiere die kürzeste Verbindung des Fußwegs meiner Mutter, im folgenden Großmutter genannt, analysiere aber nicht die Blumen am Wegesrand, sondern formalisiere Deinen Weg in systematischer Ordnung."

Rotkäppchen vereinigte einen Kuchen, eine Wurst und eine Flasche Weine zu einer Menge von Gaben und begann seine Trajektorie auf dem zeitoptimierten Weg zur Großmutter. Im Wald schnitt sein Weg den Orbit eines Wolfes. Er diskutierte mit ihr über die Relevanz eines Blumenstraußes für die Großmutter und motivierte es, eine geordnete, höchstens abzählbare Menge an Gewächsen zu einem solchen verknüpfen. In der Zwischenzeit machte der Wolf die Großmutter zu einer Teilmenge von sich.

Als Rotkäppchens Bahnkurve das Areal der Großmutter als Ziel erreichte, staunte es über die Großmutter und fragte : Großmutter, warum hast Du so große Augen ?" „Ich habe gerade mein Bafög erhalten." „Aber Großmutter, warum hast Du so große Ohren ?" „Weil ich versucht habe, Prüfungsfragen durch die geschlossene Tür zu erlauschen." „Großmutter, warum hast Du so ein großes Maul ?" „Weil ich versucht habe, das Mensaessen zu verzehren." Nach diesem Dialog machte sich der Wolf zur konvexen Hülle von Rotkäppchen und dessen Mitbringseln.

Ein Jäger, der gerade vorbeikam, sah eine leere Menge von Großmüttern im kompakten Großmutterraum und eine um eins höhere Quote an Wölfen. Er analysierte die Haus-Großmutter-Wolf-Relation, bis sie ihm transparent wurde. Er nahm sein Messer und separierte den Wolf in zwei Teilmengen. Die im Wolf integrierten Objekte wurden von ihm subtrahiert. Das frei werdende Volumen wurde mit einer mächtigen Menge an Steinen ausgefüllt und zum Wolf addiert. Die

Gemischmenge fiel in einen zylinderförmigen cartesischen Brunnen, die Schwerkraft zog sie zum Grund, wo die Restmenge Wolf ihr Leben aushauchte.

Nachdem die Vereinigungsmenge der Personen doppelt so mächtig geworden war, lebten alle glücklich und zufrieden weiter. Wenn sie in der Zwischenzeit nicht mit Null multipliziert worden sind, dann leben sie noch heute.

Anmerkung : Es ist keine hochabstrakte Mathematik, deren Fachausdrücke und Redensweisen hier Pate gestanden haben, die wäre hier fehl am Platze, sondern eine, die auch Nicht-Mathematiker verstehen und nachvollziehen können. Nur ganz ohne mathematische Fachausdrücke kommt diese Version nicht aus, aber genau darin besteht ihr besonderer Charme.

Rotkäppchen für Informatiker

Es war einmal ein kleines süßes Mädchen, das immer ein Käppchen aus rotem Samt trug. Aufgrund dieses Attributs erhielt es ein Assign unter dem symbolischen Namen ‚Rotkäppchen‘. Eines Tages sprach die Mutter : „Rotkäppchen, die Gesundheit Deiner Großmutter hat einen Interrupt bekommen. Wir müssen ein Batchprogramm entwickeln und zur Großmutter bringen, um das Problem zu lösen. Verirre Dich aber nicht im Wald der alten Sprachen, sondern gehe nur strukturierte Wege. Nutze dabei immer eine Hochsprache der vierten Generation, dann geht es der Großmutter schnell wieder gut. Und achte darauf, dass Dein Batchprogramm transaktionsorientiert ist, damit es die Großmutter nicht noch mehr belastet.“

Da der Weg zum Haus der Großmutter reentrant war, traf Rotkäppchen den bösen Wolf. Er tat sehr benutzerfreundlich, hatte im Background jedoch einen Abbruch programmiert. Während Rotkäppchen einen Goto ins Blumenfeld machte, ging der Wolf mittels DMA zur Großmutter und vereinnahmte sie unverzüglich durch einen Delete. Ohne einen Waitstate einzunehmen, gab er sich den Anschein kompatibel zu sein und nahm die logische Sicht der Großmutter an. Dann legte er sich in ihren Speicherplatz. Kurz danach lokalisierte auch Rotkäppchen die Adresse der Großmutter und trat in den Speicherraum ein.

Vor Installation des Batchprogramms machte Rotkäppchen sicherheitshalber einen Verify und fragte : „Ei, Großmutter, warum hast Du so große Augen ?" „Weil ich zufriedene Endbenutzer gesehen habe." „Ei, Großmutter, was hast Du für große Ohren ?" „Damit ich die Wünsche der User besser verstehen kann." „Ei, Großmutter, was hast Du so ein entsetzlich großes Maul ?" „Damit ich Dich besser cancein kann." Sprachs und verschlang das arme Ding als Input.

Nach einem Logoff aktivierte der Wolf seinen Bildschirmschoner, ging in den Stand-By-Modus über und begann laut zu schnarchen. Als der Jäger auf seinem Loop durch den Wald an der Domain der Großmutter vorbei kam, sah er durch ein Window den Wolf im Speicherplatz liegen. „Finde ich Dich hier, Du alter Hacker", sprach er, „ich habe lange nach Dir gescannt." Als Kenner der strukturierten Analyse folgerte er sofort, dass nach den Regeln der Booleschen Algebra der Pointer der Großmutter nur auf den Bauch des Wolfes gerichtet sein konnte. Er nahm seinen Parser, teilte den Bauch des Wolfes in mehrere Sektoren und machte, welch eine Freude, Großmutter und Rotkäppchen wieder zu autonomen Modulen. Als Input für den leeren Storage Device des Wolfes nahmen sie viele Kilobyte Steine und beendeten die Operation mit einem Close.

Als der Watchdog des Wolfs ihn warmstartete, verursachte ihm sein dermaßen aufgeblähter Hauptspeicher solche Schreib-Lese-Fehler, dass er an einer Storage Violation jämmerlich zugrunde ging. Da waren alle vergnügt. Das Batchprogramm aktivierte die Großmutter. Rotkäppchen aber dachte : „Du willst dich dein Lebtag nie wieder durch einen Spaghetti-Code verleiten lassen, einen Goto zu machen, sondern nur noch strukturierte Wege gehen, wie dir es die kontext-sensitive Hilfe der Mutter geboten hat." Und wenn sie nicht deleted sind, dann phreaken sie noch heute.

Anmerkung : Was für ein Kontrast, die mathematische Version und die Fassung mit Begriffen der Informatik. Interessant, wie der gleiche Sachverhalt so unterschiedlich dargestellt werden kann. Fachbegriffe können wir uns ja im Internet zum besseren Textverständnis erklären lassen.

Das Luder mit dem roten Käppchen

Um die Oma zu besuchen,
im Korb ne Flasche Wein und Kuchen,
ging Rotkäppchen durch den finstren Wald.
Natürlich kam der Wolf dann bald.
Er hatt schon länger nichts gegessen
und wollt das arme Ding gern fressen.
„Na gut", sprach sie, „wenn das so ist
und Du mich am Ende frisst,
dann ist es eben einerlei,
doch hätt ich gern drei Wünsche frei."
Der Wolf, der wollte nicht so sein
und ließ sich auf den Handel ein.
„Der erste Wunsch", so sagt sie ihm,
„ich wär so gern mit Dir intim „"
Der Wolf sprach : „Das ist kein Problem.
Das ist mir äußerst angenehm !"
Und nahm das Mädchen richtig ran,
denn schließlich war der Wolf ein Mann.
„Der zweite Wunsch", sprach sie verstohlen,
„kannst Du das nochmal wiederholen ?"
Wenn seine Knie auch schon ganz weich,
sprach er jedoch : „Das haben wir gleich."
Doch langsam wurd' es ihm zur Qual,
Rotkäppchen wollt ein drittes Mal.
Und als er auf dem Mädchen parkt,
ereilt den Wolf ein Herzinfarkt.
Grad zog sie sich ihr Höschen an,
da kam vorbei der Jägersmann.
Er sieht des Wolfes Missgeschick
und sagt mit vorwurfsvollem Blick :
„Rotkäppchen, sag mal, also bitte,
das war die Woche schon der Dritte !"

Anmerkung : Rotkäppchen, mal ganz anders. Was würden einige Politiker und Schäfer darum geben, wenn sie solch ein Rotkäppchen in Dienst nehmen könnten. Dann würden keine Steuergelder auf der Jagd nach Nutztier reißenden Wölfen zum Fenster hinausgeworfen, und dazu noch ohne jeden Erfolg. Im anderen Buch (siehe unter Literatur) findet man eine Rotkäppchen-Fassung in der Sprache der Chemie, eine in Beamtendeutsch und eine für Linguisten.

Versionen für andere Fächer, Berufe, Dialekte und Weltanschauungen findet man im Internet. Exemplarisch zwei Links dazu :
https://www.janko.at/Humor/Rotkaeppchen
https://www.familie-ahlers.de/wissenschaftliche_witze/
mathematiker_und_physiker_witze.html

Kapitel 10 : Tendenzen im Mathematikunterricht

„Wer nicht weiß, wohin er will, der darf sich nicht wundern,
wenn er ganz woanders landet als ihm lieb ist."

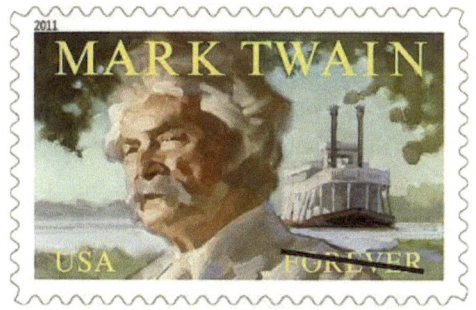

(Mark Twain, 1835 – 1910)

Volksschule 1950 :

Ein Bauer verkauft einen Sack Kartoffeln für 20 DM. Die Erzeugungskosten betragen 16 DM. Wie hoch ist der Gewinn ?

Realschule 1960 :

Ein Bauer verkauft einen Sack Kartoffeln für 20 DM. Die Erzeugungskosten betragen vier Fünftel des Erlöses. Berechne bitte den Gewinn.

Gymnasium 1970 :

Ein Agrarökonom verkauft eine Menge subterraner Feldfrüchte (Solanum tuberosum) für eine Menge Geld (G). G ist die Menge aller Elemente g, für die gilt : g ist eine Mark. G hat die Mächtigkeit 20. Du müsstest also in Strichmengenform „zwanzig" (/////////////////////) Strichlein für die Menge G machen. Die Menge der Erzeugungskosten (E) ist um 4 Elemente, also „4" Strichlein schmächtiger als die Menge G. Zeichne das Bild der Menge E als Teilmenge der Menge G und gib die Lösungsmenge L für die Frage an : Wie mächtig ist die Gewinnmenge ?

Alternative Schule 1980 :

Ein Landwirt verkauft einen Sack Kartoffeln, die in der Nähe eines AKWs geerntet wurden, für 20 DM. Die Erzeugungskosten betragen 16 DM, der Gewinn (!) beträgt 4 DM. Unterstreiche das Wort „Gewinn" und diskutiere mit Deinem Tischnachbarn darüber.

Gesamtschule 1990 :

ein capitalistisch priweligirter bauer bereichert sich one rechtfärtigung an einen sakk kartofeln um 4 marck. untersuche das text auf inhaldlische gramadische ordograwische und zeichensetzungsfelher. ferbesere die aufgabenschtälunk und demonstrire gegen die lösunk !

Lehrerfortbildungsinstitut 1990 :

Ein/e Landwirt/in verkauft eine/n Sack/in Kartoffel/innen einem/einer Kunden/in für 20 DM. Die Erzeuger/innen-Kosten betragen vier Fünftel des Erlöses. Berechne den/die Gewinn/in, den/die der/die Landwirt/in macht. Die Verwendung von Taschenrechner/innen ist nicht erlaubt.

Freie Waldorfschule 1995 :

Male einen Sack Kartoffeln und singe ein Lied dazu.

Integrierte Gesamtschule 2000 :

Ein Bauer verkauft einen Sack Kartoffeln für EUR 20. Die Erzeugungskosten betragen EUR 16. Der Gewinn beträgt EUR 4. Unterstreiche das Wort Kartoffeln und diskutiere mit Deinen Mitschülern aus anderen Kulturkreisen darüber. Waffen sind nicht erlaubt.

Autonome Erlebnisschule 2010 :
Ein Bauer bietet auf dem Öko-Markt Bio-Kartoffeln an. Nimm eine Kartoffel in die Hand. Wie fühlt sie sich an ? Wie riecht sie ? Schabe etwas Erde ab, zerreibe sie zwischen Deinen Fingern. Atme den Geruch tief ein. Schließe Deine Augen und versetze Dich in die Kartoffel. Du bist die Erde. Fühle die Feuchtigkeit, die Dunkelheit .... Komme jetzt zurück, öffne die Augen. Erzähle Deinem Nachbarn von Deinen Erfahrungen.

Schule 2020 (nach Bildungs- und Schl(R)echtschreibreform) :
Ein agrargenediger fergauft gardoffeln für 20 euro. Die kosden bedragen 16 euro. Der gewin bedregt 4 euro. margiere das word gardoffeln und e-meele die losung im pdf-format an deinen mademadigleerer.

Re-Reformierte Schule 2030 (?) :
Ein Bauer verkauft einen Sack Kartoffeln für 20 Euro.
Die Erzeugungskosten betragen 4 Fünftel des Erlöses.
Wie hoch ist der Gewinn ?

Anmerkung : Da muss man schon ganz schön pointiert und überspitzt formulieren, um all die Irrungen und Wirrungen, die Ausschläge nach der einen wie der anderen Seite, die der Mathematikunterricht in meinem Leben durchlaufen hat oder nach Meinung von Mathematik-"influencern" hätte durchlaufen sollen, zu markieren und deutlich zu machen. „Rüm hart – klåår kiming", ein altes Motto aus Nordfriesland, das auf hochdeutsch „Weites Herz, klarer Horizont" heißt, lässt sich ins eigene Leben und in den Beruf übertragen : Offen sein für andere Menschen und andere Kulturen, ein großes Herz haben – dabei aber nie das Ziel aus den Augen verlieren. „Klaar Kiming" kann auch mit „klarer Verstand" übersetzt werden – denn wenn der Verstand klar ist, sieht man den Weg klar, den eigenen wie auch andere. Dieser wunderbare Leitspruch der Nordfriesen begleitet mich in meinem Leben und hat mir auch im Beruf den Weg. Da muss man dann auch nicht mehr allen Ausschlägen nach der einen wie nach der anderen Seite unmittelbar und sofort nachhecheln, wie es einst der Sage nach der Hase dem Igel machte und vor Überanstrengung schlapp machte. Jeder sollte seinen eigenen Weg suchen und erfolgreich seiner eigenen sinnhaften Interpretation treu bleiben. Als Erinnerung und Mahnung für meine eigene Unterrichtsplanung diente mir seit Jahrzehnten unter anderem auch der Inhalt einer Postkarte auf meinem Schreibtisch, die mir von einer Klasse geschenkt wurde als Erinnerung an 4 Jahre intensiven Unterrichts :

Teil II : Staunen, Lächeln oder Schmunzeln nicht vergessen

Kapitel 11 : Besondere Aufgaben

„Ein spezielles Problem kann mehr mathematische Substanz enthalten und für die Erziehung junger Mathematiker ein besseres Objekt sein als allgemeine Theorien."

(Heinrich Behnke, 1898 – 1979)

Aufgabe 1 : Welchen Winkel bildet der Minuten- mit dem Stundenzeiger um 5 Minuten vor 12 Uhr ?

Anmerkung : Arme Mathematiklehrer, die solch eine schöne Aufgabe vielleicht bald gar nicht mehr stellen können, wenn es nur noch Digitaluhren gibt. Lesende machen sich bitte die Situation an einer Analoguhr selbst einmal klar, stellen die Zeiger auf 5 Minuten vor 12

Uhr, analysieren die Situation und versuchen selber eine Lösung. In Kapitel 20 wird nicht nur eine exakte Lösung hergeleitet, sondern auch dargestellt, wie anhand dieser Aufgabe Lehrende Schülerbeiträge mit den üblichen sechs Noten (ungenügend, mangelhaft, ausreichend, befriedigend, gut, sehr gut) bewerten können.

Aufgabe 2 verpackt in ein Gedicht (Verfasser Anonymus) :
Vier Quellen
In eine Zisterne aus Stein ergießen sich vier Quellen.
Die vierte könnte allein sie in vier Tagen füllen.
Die dritte bräuchte drei Tage, entsprechend die zweite nur zwei,
und einen die erste. – Nun sage :
Wie lange benötigen hier zur Füllung gemeinsam die vier ?

Anmerkung : Diese uralte Aufgabe aus der Antike sollte zum Staunen anregen, wie wunderbar Mathematik verpackt werden kann, aber auch reizen, eine Lösung zu heraus zu finden. Alle meinen sofort, natürlich weniger als 1 Tag. Aber wie lange denn nun genau ? Da scheiden sich die Geister. Und einige nölende Lernende bemängeln, dass wir gar nicht wissen, wie viel Liter/Kubikmeter denn die Zisterne fasst und fangen deshalb erst gar nicht an, weiter darüber nachzudenken. Dabei stellt sich heraus, es ist völlig gleichgültig, welches Volumen die Zisterne hat, die Lösung ist völlig unabhängig davon. Es ist nicht ganz ein halber Tag, bis die Zisterne gefüllt ist. Wer will kann es ja exakt in Stunden, Minuten und Sekunden ausrechnen. Die exakte Lösung wird in Kapitel 20 angegeben.

Kadambablüten

Aufgabe 3 verpackt in ein Gedicht : **Der Bienenschwarm**

Es setzte sich auf Kadambakelche
ein Fünftel schwärmender Bienen nieder.
Ein Drittel zog es zum üppigen Flieder,
dann zur Kutujablüte welche :
dreimal die Differenz der Werte,
die schon zuvor der Schwarm entbehrte.
Zuletzt gelockt vom milden Duft der Champaka und vom Jasmine
Blieb nur noch eine einzige Biene, flog hin und her in hoher Luft.
Nun sage mir, bezaubernde Frau,
wie lautet die Zahl der Bienen genau ?

Kutujablüten

Anmerkung : Dieses Gedicht von Bhaskaracarya (1114 – 1185), ganz
in der vedischen Tradition des alten Indiens, soll das Schöne zur Gel-

tung bringen : Durch die Anmut des Gegenstandes, durch die poetische Versgestaltung und auch durch die Anrufung einer Schönen. Aber auch den Geist anregen und mathematisches Wissen und Fertigkeiten abrufen. Viel Spaß beim Nachdenken über diese Aufgabe, die so ganz anders ist als die Aufgaben, die wir aus Schulbüchern gewohnt sind. Die exakte Lösung wird in Kapitel 20 angegeben.

Magnolia Champaka

Aufgabe 4 : Jakow Issidorowitsch Perelman (1882 – 1942) stellte folgende Frage : „Wie kann man eine Zahl erraten, ohne Fragen zu stellen ?", Er führte folgendes Beispiel an : „Denke Dir eine 3-stellige Zahl aus. Die einzige Bedingung ist, dass die Ziffer an der Hunderterstelle verschieden von der an der Einerstelle sein muss. Drehe dann die Zahl um (schreibe die Ziffern in umgekehrter Reihenfolge) und subtrahiere die kleinere von der größeren Zahl. Addiere danach zu dieser Differenz die umgedrehte Differenz. Ohne etwas zu fragen, sag ich Dir das Ergebnis, was Du nach korrekter Rechnung erhalten hast. Es ist 1089 – und zwar immer."

Anmerkung : Liebe Lesende. Wer kann begründen, warum bei diesem Verfahren immer 1089 herauskommt ? Eine exakte Lösung wird in Kapitel 20 abgedruckt.

Aufgabe 5 verpackt in ein Gedicht (Verfasser unbekannt) :
Der Liebesbeweis
Die schöne Frau, die ich verehre,
will einen Hain zu ihrer Ehre.
Es sollen neunzehn Linden sein,
gepflanzt in neun geraden Reihn,
und weiter müssen fünf der Linden
in jeder Reihe sich befinden.
Kein Scherz ! Sie geht mir aus dem Haus,
find ich die Lösung nicht heraus.

Anmerkung : Ich möchte nicht mit der Lösung ins Haus fallen, sondern allen Lesenden die Möglichkeit einräumen, sich selbständig um eine Lösung zu bemühen. Wer kann diesem armen Mann helfen ? In Kapitel 20 wird eine Lösung angegeben.

Kapitel 12 : Das Sierpinski - Dreieck - ein Ausflug in die Welt der Fraktale

„Das Buch des Universums ist nicht zu verstehen, wenn man nicht zuvor die Sprache erlernt hat, in der es geschrieben ist. Es ist die Sprache der Mathematik."

(Galileo Galilei, 1564 - 1642)

Das Sierpinski-Dreieck (oberes Bild) ist nach dem polnischen Mathematiker Waclaw Sierpinski (1882 - 1969) (Bild auf der nächsten Seite) benannt, der es 1915 beschrieben hat. Dabei geht man von einer Ausgangsfigur, in unserem Fall einem gleichseitigen Dreieck, aus, führt an diesem dann Konstruktionsschritte durch, die man mit jeder neuen Figur wiederholt. Wir müssen aber nicht unbedingt von einem gleichseitigen Dreieck ausgehen, es genügt ein beliebiges Dreieck. Ich wähle unseren Fall ein gleichseitiges Dreieck wegen der besonderen ästhetischen Wirkung der Symmetrien in allen Figuren.

Schauen wir uns also die ersten Konstruktionsschritte genauer an. Ausgangsfigur ist ein gleichseitiges Dreieck, also ein Dreieck, dessen drei Seiten alle gleich lang sind wie im folgenden Bild :

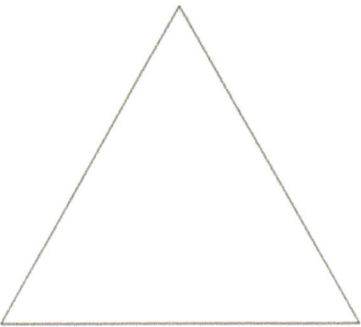

Konstruktion : Verbinde die Mittelpunkte der drei Dreiecksseiten miteinander. Es entstehen im Ausgangsdreieck vier neue, kleinere gleichseitige Dreiecke. Das innerste dieser neuen Dreiecke (Hier sind die Mittelpunkte der Seiten des Ausgangsdreiecks die Eckpunkte dieses sogenannten Mittendreiecks.) wird ausgeschnitten, es bildet sich dort ein Loch.

Das folgende Bild zeigt diese Konstruktionsstufe 1 :

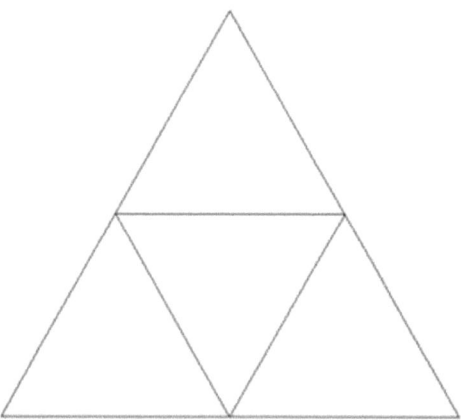

Wiederholung : Wiederhole die Konstruktion mit jedem neuen Dreieck der gleichen Konstruktionsstufe, nicht aber mit den Löchern.

Das folgende Bild zeigt das durch die Anweisung der Wiederholung erzeugte Bild der Konstruktionsstufe 2 :

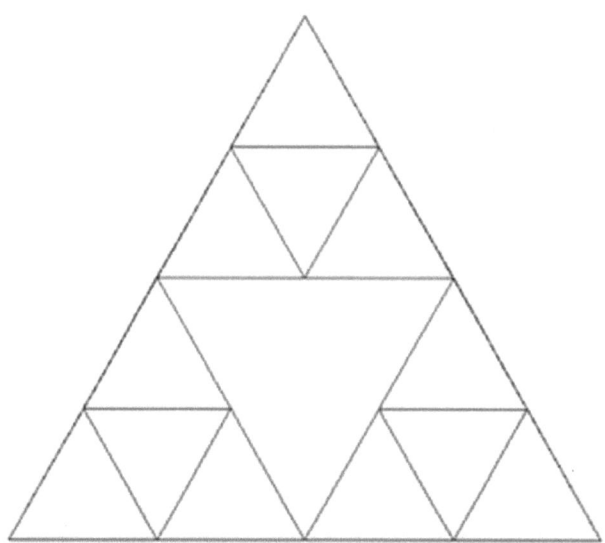

Nun führen wir beim Bild der Konstruktionsstufe 2 die Wiederholungsanweisung aus und erhalten das Bild der Konstruktionsstufe 3 :

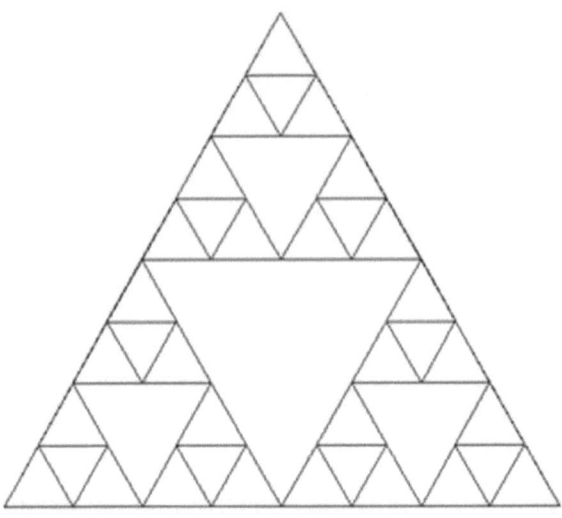

Nun führen wir beim Bild der Konstruktionsstufe 3 die Wiederholungsanweisung aus und erhalten das Bild der Konstruktionsstufe 4 :

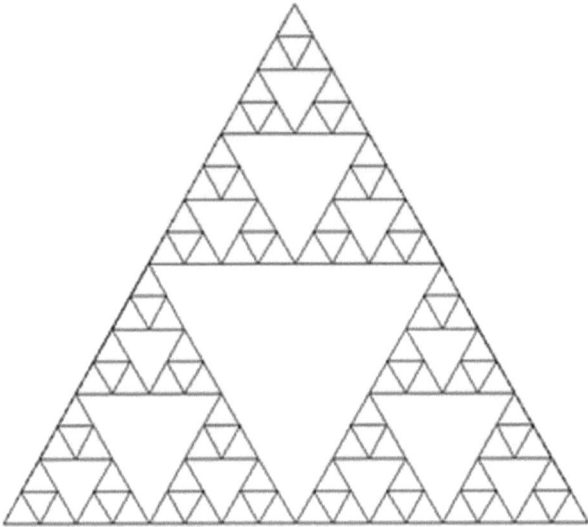

Nun führen wir beim Bild der Konstruktionsstufe 4 die Wiederholungsanweisung aus und erhalten das Bild der Konstruktionsstufe 5 :

Nun führen wir beim Bild der Konstruktionsstufe 5 die Wiederholungsanweisung aus und erhalten schließlich das Bild, das in diesem Kapitel als erstes gezeigt wurde.

Wir haben die Grenzen der Auflösung unserer Zeichengeräte und auch in der Computerdarstellung erreicht. Wir hören auf, weitere Wiederholungen durchzuführen. Es würde auch nichts mehr bringen, mit einer größeren Figur zu beginnen; denn wir haben in der Folge der Bilder genug gesehen, um erste Vermutungen aufzustellen. (Fläche der Dreiecke, Anzahl der Dreiecke, Umfang der Figur, …).

Mathematiker sind hartnäckig und stellen sich auch die Frage : Was passiert, wenn wir immer weiter, im Idealfall unendlich oft, die Wiederholungsanweisung durchführen ? Wir können die weiteren Auswirkungen nicht mehr bildlich darstellen. Aber auch sie sich vorzustellen, fällt vielen nicht mehr leicht. Nun, Mathematiker entwickeln Gleichungen („Formeln") und erreichen damit verblüffende Ergebnisse : Es wird immer mehr aus dem gleichseitigen Ausgangsdreieck ausgeschnitten, der Flächeninhalt der Restfigur, Sierpinski-Dreieck genannt, wird immer kleiner, er strebt gegen Null. Die Länge des Randes des Sierpinski-Dreiecks wird von Stufe zu Stufe länger, und strebt gegen Unendlich. Und die Dimension der Figur ? Nun, es spielt sich nicht alles auf einer Linie/Kurve ab, also ist die Dimension sicherlich größer als 1. Aber es wird von der zweidimensionalen Ausgangsfigur immer mehr weggenommen. Ist die Dimension vielleicht auch nicht 2 ? Es fehlt ja so vieles in der Fläche. In der Mathematik gibt es eine ganz abstrakte Definition der Dimension und eine daraus entwickelte Berechnungsgleichung. Daraus folgt : Das Sierpinski-Dreieck hat die Dimension 1,58496... , also eine Zahl zwischen 1 und 2. Schwer vorstellbar solche "krummen" Dimensionen, aber folgerichtig errechnet. Und wer in einer Fernsehsendung vom Typ „Wer weiß das denn schon ?" nach einer Figur mit Flächeninhalt 0 und Umfang unendlich gefragt wird, reagiert vermutlich ganz spontan und bezweifelt, dass es so etwas überhaupt gibt. Aber das Sierpinski-Dreieck ist solch eine Figur, und nicht die einzige, die diese Bedingungen erfüllt. Die räumliche Erweiterung ist das Sierpinski-Tetraeder. Die ungarische Briefmarke zeigt die 2. Iteration.

Kapitel 13 : Der Pythagorasbaum –
Iterationen anschaulich gemacht

„Die Mathematik, richtig verstanden, besitzt nicht allein Wahrheit, sondern auch höchste Schönheit – eine Schönheit, so kühl und streng wie die einer Plastik."

Ausgangspunkt der Überlegungen ist die Figur im ersten Bild, die den Satz des Pythagoras veranschaulicht. Dieser Satz von Pythagoras sagt aus, dass die Flächeninhalte des blauen und des gelben Quadrats zusammen genau so groß sind wie der Flächeninhalt des rosa Quadrats, vorausgesetzt, das weiße Dreieck ist rechtwinklig. Im Bild ist der rechte Winkel (90°) oben an der Spitze des weißen Dreiecks. Ich konzentriere mich auf einige wenige, aber wichtige Fachausdrücke, die zum näheren Verständnis auch nachgeschlagen werden können, versuche ansonsten, Formeln zu vermeiden, und alles so verständlich wie möglich auszudrücken einem Ausspruch von Albert Einstein folgend, der gesagt haben soll : „Erkläre alles so einfach wie möglich, aber nicht einfacher." Natürlich kann man die Aussage des Satzes von Pythagoras auch exakt beweisen. Gerade das ist ja typisch für Mathematik und das Treiben der Mathematiker.

Ich möchte hier jedoch darauf verzichten, auch wenn ich gerne einen der Beweise hier vorführen würde, den James A. Garfield 1875 gefunden und 1876 in einer Fachzeitschrift veröffentlicht hat. James A. Garfield war der 20. Präsident der Vereinigten Staaten von Amerika (USA). Welch ein kultureller Abstieg von dort und damals zum einfältigen Trump-eltier von heute.

Pythagoras von Samos (Bild links, 570 – 510 vor Christus), nach dem nicht nur der obige Satz (rechte Briefmarke), sondern eine ganze Satzgruppe benannt worden ist, war ein antiker Philosoph, Mathematiker und Verkünder religiöser Ideen. Er verließ mit 14 Jahren seine Heimat und wanderte nach Süditalien aus, wo er lebte und lehrte.

Und nun das Ziel dieses Kapitels, der Pythagorasbaum :

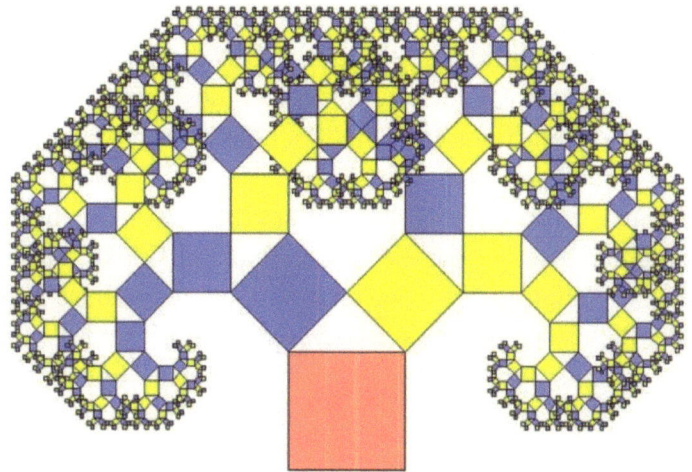

Wenn wir verstehen wollen, wie das Bild des Pythagorasbaums entstanden ist, müssen wir den Satz von Pythagoras aus einem anderen Blickwinkel heraus betrachten. Vielleicht ahnst Du ja schon, wie das Bild entstanden ist. Aber ich kann daran ein wichtiges Grundprinzip der Mathematik, wie Fraktale entstehen, die Iteration, erklären.

(1) Wir beginnen im ersten Bild mit dem unteren rosa Quadrat und stellen uns vor, dass wir bis jetzt nur dieses Quadrat gezeichnet haben. Es ist in dieser anderen Blickrichtung das erzeugende Quadrat, aus dem die Ausgangsfigur erzeugt worden ist. Wir wollen nun das weiße Dreieck darüber konstruieren. In diesem rosa Quadrat betrachten wir die Quadratseite, die im rosa Quadrat ganz oben und gleichzeitig im weißen Dreieck unten liegt, gewissermaßen eine Art Basis

des Dreiecks für die weitere Konstruktion. Sie ist die längste Seite des weißen Dreiecks, liegt dem rechten Winkel gegenüber und wird Hypotenuse genannt.

(2) Über dieser Quadratseite konstruieren wir einen Punkt als Eckpunkt des weißen Dreiecks, dass dort ein rechter Innenwinkel des Dreiecks entsteht. Wenn wir diesen Punkt mit den Endpunkten der Hypotenuse verbinden, entstehen die beiden Katheten genannten Seiten des weißen Dreiecks. Bis jetzt haben wir also aus dem allerersten Bild das rosa Quadrat und darüber das weiße rechtwinklige Dreieck gezeichnet. In unserem Fall ist es gleichseitig, da die beiden Katheten gleich lang sind. Wir wissen, dass alle drei Innenwinkel jedem Dreieck zusammen 180° groß sind. In einem rechtwinkligen Dreieck bleiben also 90° für die beiden anderen Winkel übrig. Wenn die beiden Katheten gleich lang sind, sind es auch diese beiden Innenwinkel, die also in unserem Fall beide 45° groß sind. Wir könnten aber auch genau so gut mit einem rechtwinkligen Dreieck beginnen, dessen Katheten verschieden lang sind. Am Ende dieses Kapitels wird ein Bild vorgestellt, das den Pythagorasbaum mit einem nicht-gleichseitigen rechtwinkligen Dreieck als Ausgangsfigur zeigt (in diesem Fall sind die Innenwinkel an der Hypotenuse 60° und 30°).

(3) Zum Schluss werden die beiden Quadrate über den Katheten gezeichnet und blau bzw. gelb eingefärbt. Damit ist die erste Figur (siehe allererstes Bild oben) fertig, die sogenannte Konstruktionsstufe 1.

Ich habe der kürzeren Darstellung wegen bewusst das „was" (getan wird) beschrieben und das „wie" (die genauen Einzelschritte der Konstruktion) weggelassen. Das kann für Interessierte nachgeholt werden. Als Mathematiker weiß ich, dass alle diese Konstruktionen mit Zirkel und Lineal exakt ausgeführt werden können, also auch mit einer dynamischen Geometrie-Software am Computer.

Wir sehen noch etwas : Wenn wir ein gleichseitiges rechtwinkliges Dreieck benutzen, dann haben das blaue und das gelbe Quadrat exakt den gleichen Flächeninhalt, der folglich halb so groß wie der Flächeninhalt des rosa Quadrats ist.

Und jetzt beginnt die Konstruktion des Pythagorasbaumes aus diesem Bild der Konstruktionsstufe 1. Im nächsten Konstruktionsschritt nehmen sowohl das blaue wie das gelbe Quadrat jeweils die Rolle des erzeugenden rosa Quadrats ein, beide behalten zur Vereinfachung des Verfahrens ihre Farbe und werden nicht nach rosa umgefärbt. Auf diese beiden Ausgangsquadrate werden die Anweisungen (1), (2) und (3) angewandt. Es entstehen 2 neue Dreiecke (kleiner als das Ausgangsdreieck) und 4 neue Quadrate (kleiner als die vorigen Quadrate). Das wird im Bild der Konstruktionsstufe 2 dargestellt :

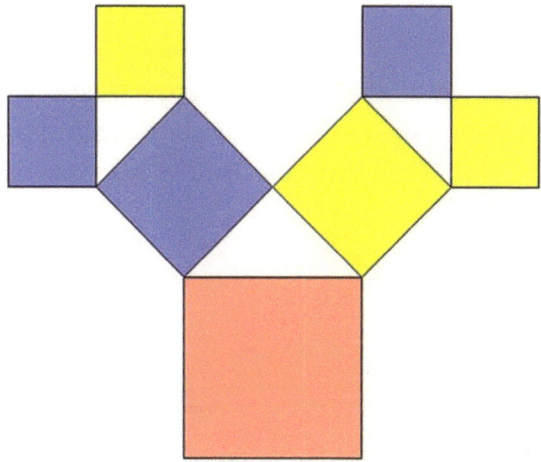

Und nun folgt der nächste Schritt : Die in der Konstruktionsstufe 2 neu erzeugten blauen und die gelben Quadrate nehmen jetzt jeweils die Rolle eines erzeugenden Quadrats ein, behalten zur Vereinfachung ihre Farbe bei und werden nicht umgefärbt. Auf diese 4 Ausgangsquadrate werden die Anweisungen (1), (2) und (3) angewandt. Es entstehen 4 neue Dreiecke (kleiner als die vorigen Dreiecke) und

8 neue Quadrate (kleiner als die vorigen Quadrate). Das wird im folgenden Bild der Konstruktionsstufe 3 dargestellt :

Nun wiederholen wir diesen Schritt immer wieder. Iteration nennt man solch eine Wiederholung gleichartiger Schritte. Auf diese Weise verfeinert sich Schritt für Schritt das Bild vom Pythagorasbaum.

Konstruktionsstufe 4 :

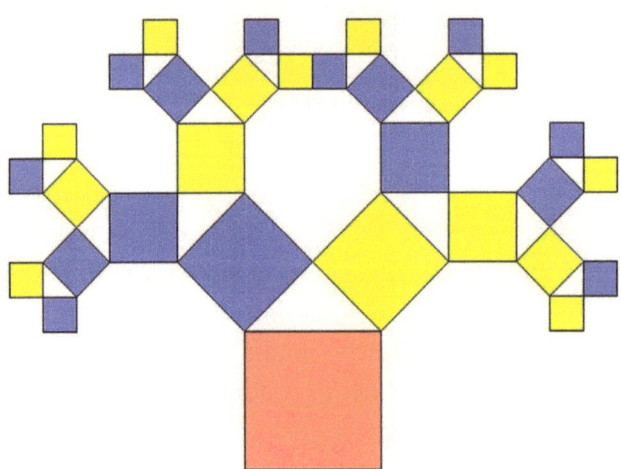

Konstruktionsstufe 5 :

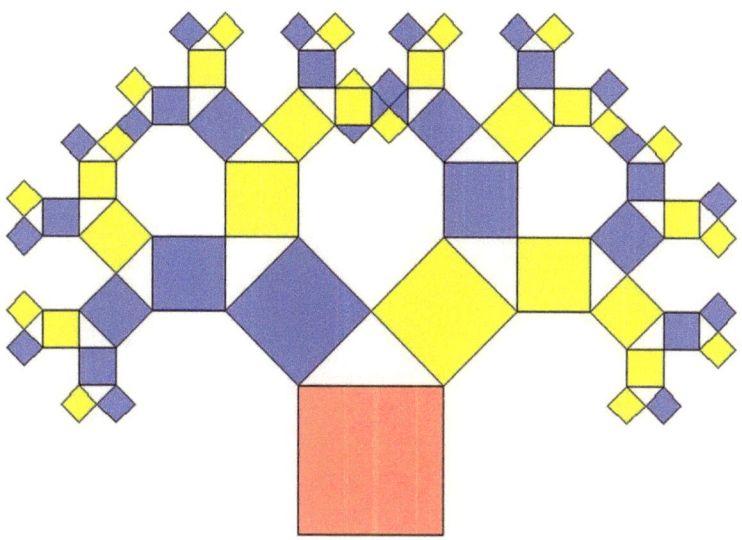

Konstruktionsstufe 6 :

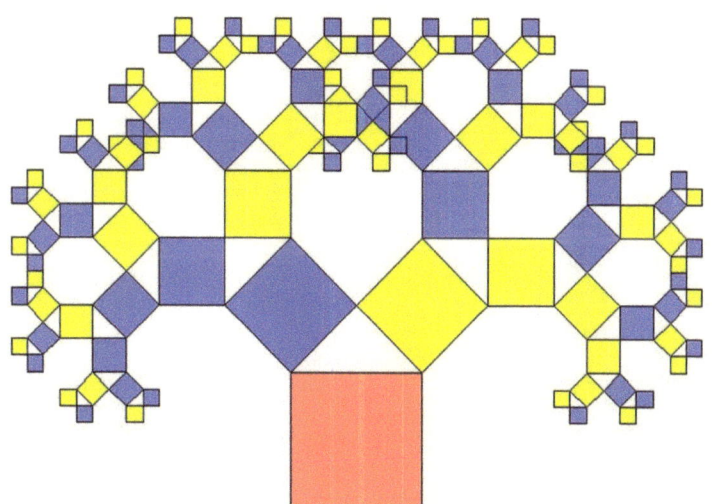

Konstruktionsstufe 7 :

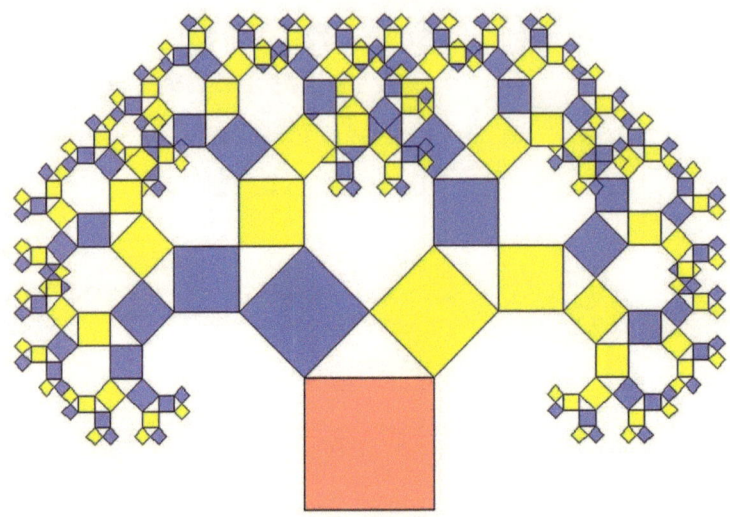

Konstruktionsstufe 8 :

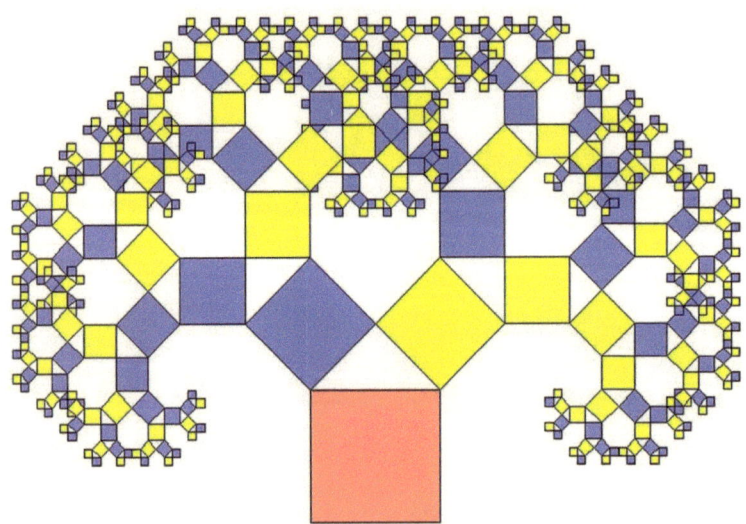

Konstruktionsstufe 9 :

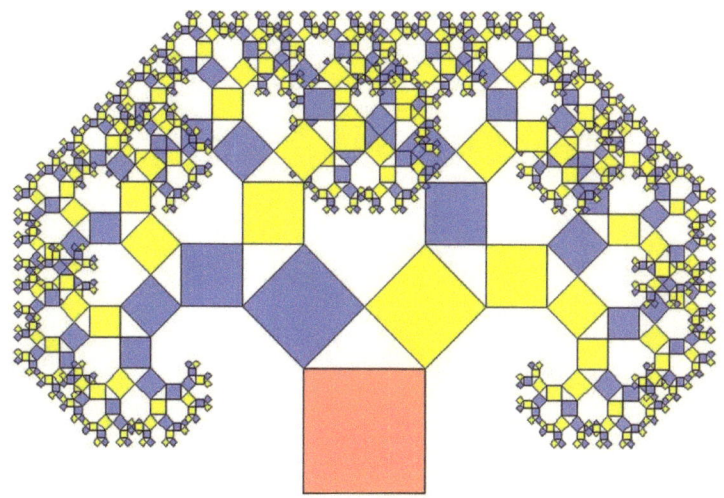

Der oben als Ziel abgebildete Pythagorasbaum wurde in der Konstruktionsstufe 10 erzeugt. An größeren Monitoren könnte man vielleicht noch die 11. und die 12. Stufe darstellen. Nur ist für dieses Buch die Grenze der Auflösbarkeit und Darstellbarkeit erreicht, wenn nicht schon überschritten. Wir sehen so gut wie keine Änderungen mehr. Daher gebe ich mich hier mit der 10. Stufe zufrieden. Mathematikern macht es Spaß, sich vorzustellen, was passiert, wenn wir diese Iterationsvorgänge immer weiter durchführen, im Idealfall sogar unendlich oft, und sie beschäftigen sich auch mit solchen infinitesimalen Prozessen und der Frage, ob es ein "Grenzbild" gibt, dem sich alle Konstruktionsstufen annähern. Ich deute das Problem nur an, aber darauf weiter einzugehen würde uns in diesem Buch von der Zielsetzung abbringen.

Zum Abschluss das versprochene Bild eines Pythagorasbaums ausgehend von einem rechtwinkligen Dreieck, dessen Winkel an der Hypotenuse 60° und 30° betragen. Hier sofort ohne Zwischenschritte das Bild in Konstruktionsstufe 10 :

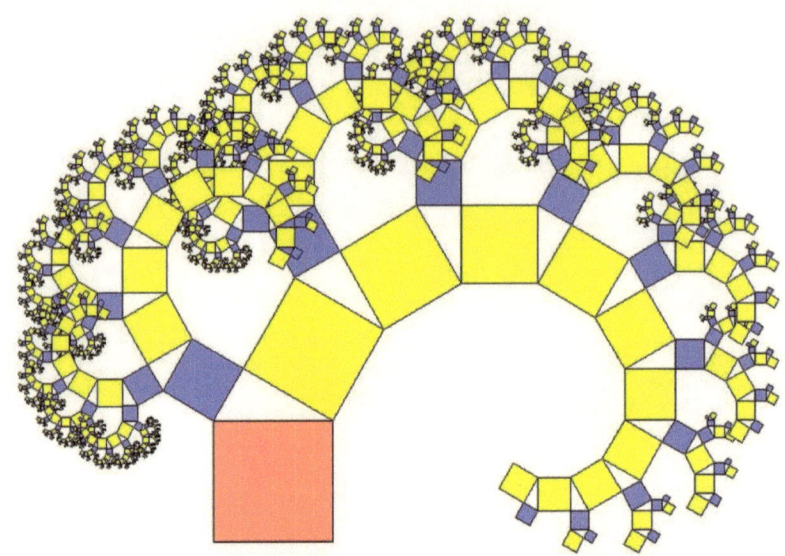

Anmerkung zum guten Schluss : Ich war immer schon begeistert
von der Visualisierung mathematischer Prozesse und Sachverhalte,
kann ich mir selber doch so manches Abstraktum damit besser vorstellen und habe früher so manches Bild beginnend in Basic mit Gra-
phikbefehlen erstellt. Aber ohne gute Software ist solch eine Darstellung mit aussagekräftigen Bildern wie hier nicht denkbar. Zum
Glück muss ich das nicht mehr selber programmieren. Es gibt mit
Euklid/Dynageo eine geeignete dynamische Geometrie-Software und
mit Mathematik alpha, früher als Winfunktion Mathematik bekannt,
eine für alle Bereiche des gymnasialen Mathematikunterrichts geeignete Software. Beide Programme können kostenlos im Internet her-
untergeladen werden und stehen so allen Interessierten (Lehrenden,
Lernenden, Hobbymathematiker, Laien, …) zur Verfügung. Vielleicht hat ja der eine oder andere Lesende nun Spaß bekommen, es
selber einmal auszuprobieren. Ich wünsche viel Erfolg, der Spaß
stellt sich dann ganz von alleine ein.

Kapitel 14 : 27. Januar – Tag der Euler-Zahl e

"Euler ist der Gott der Mathematik, sein Tod markiert den Niedergang der mathematischen Wissenschaften."

Am 27. Januar ist jedes Jahr der internationale Tag der Eulerschen Zahl e, also etwas ganz Besonderes für Mathematiker. Wann dieser Tag zu begehen ist, darüber gehen die Meinungen auseinander. Einige begnügen sich mit einer Nachkommastelle und feiern am 7. Februar. Grundlage dafür ist die US-amerikanische Schreibweise des Datums, 2/7. Genauso gut könnte der 2. Juli in Frage kommen, wenn wir das Datum als 2.7. schreiben.

Andere begehen wie wir in Deutschland diesen Tag am 27. Januar. Unter Vernachlässung des Datumstrennzeichen stimmen so die ersten drei Ziffern der Eulerschen Zahl e = 2,7182818284590... (die Zahl hat unendlich viele Stellen nach dem Komma, schwer vorstellbar, aber wahr !) mit dem Datum überein. Offenbar hat noch niemand daran gedacht, dass bei Angabe von e mit 2 Stellen nach dem Komma eigentlich nach den üblichen Regeln aufzurunden wäre, der 27. Februar wäre nach dieser Rundungsregel der wahre e-Day.

Auf der Schweizerischen Briefmarke zu Ehren von Leonard Euler (1707 – 1783) aus der Reihe „Pro Juventute" kommt die Zahl e in einer ganz besonders berühmten Gleichung $e^{i\varphi} = \cos \varphi + i \cdot \sin \varphi$ von Euler vor. Sie ist in einer Liste der 10 schönsten Formeln der Mathematik enthalten. Manche setzen sie sogar an die 1. Stelle.

Früher merkten sich Mathematiker, professionelle wie auch Hobbymathematiker, die Folge der ersten Ziffern von e mit Hilfe von Merkversen. Leider gibt es nicht so viele davon wie für die berühmte Kreiszahl π. Die zuerst genannte deutsche Hilfe liefert 10 Stellen nach dem Komma, der englische Merkvers 9, der französische 10 :

„Die Uni Dresden wurde am 2. Juli 1828 gegründet. Das bedeutende Jahr wird noch einmal angehängt und die nächsten Ziffern sind 4 und 5". Das ergibt : 2,71828182845.

Bei den folgenden Merkversen ergibt die Anzahl der Buchstaben jedes einzelnen Wortes die Ziffer an der betreffenden Stelle von e, wobei ' nicht mitgezählt und nach der ersten Ziffer 2 ein Komma gesetzt wird :

„I`m forming a mnemonic to remember a function in analysis.“ :
2, 718281828

„Tu aideras à rappeler ta quantité à beaucoup de docteurs amis.“ :
2,7182818284

```
e = 2.71828182845904523536028747135266249775724709369995957496696767627724076630353
  5475945713821785251664274274663919320030599218174135966290435729003342952605956
  3073813232862794349076323382988075319525101901157383418793070215408914993488416
  7509244761460668082264800168477411853742345442437107539077744992069551702761838
  6062613313845830007520044933826560297606737113200709328709127443747047230696977
  2093101416928368190255151086574637721112523897844250569536967707854499699679468
  6445490597931636889230098793127736178215424999229576353514822082698951936680331
  8252886939849646510582093923982948879332036250944311730123819706841614039701983
  7679320682823764648042953118023287825098194558153017567173613320698112509961818
  8159304169035159888851934580727386673858942287922849989208680582574927961048419
  8444363463244968487560233624827041978623209002160990235304369941849146314093431
  7381436405462531520961836908887070167683964243781405927145635490613031072085103
  8375051011574770417189861068739696552126715468895703503540212340749819334321068
  1701210056278802351930332247450158539047304199577770935036660416997329725088687
  6966403555707162268447162560798826517871341951246652010305921236677194325278675
  3985589448969709640975459185695638023637016211204774272283648961342251644507818
  2442352948636372
  ...
```

Was hat Mathematik mit einer erfolgreichen Fernsehserie zu tun ? Im Falle von „Akte X – Die unheimlichen Fälle des FBI“ so einiges. So war 1995 Napiers Konstante in aller Munde, als die Zahlenreihe 2-7-1-8-2-8 zwei FBI-Agenten den Zutritt zu einem geheimen Archiv verschaffte. „Kennen Sie die Formel von Napiers Konstante ?“ „Ja.

Wieso?" lautete der Dialog zwischen Victor Kerber und Dana Scully in der Folge „Verschwörung des Schweigens" der 3. Staffel. Nur hatten die Übersetzer zu wörtlich übersetzt und dabei übersehen, dass Napiers Konstante im deutschen Sprachraum eben die eulersche Zahl e ist, weil Euler ihr diesen Namen e gegeben hat. Sie wird zwar manchmal auch nach dem schottischen Mathematiker John Napier (1550 – 1617) benannt, der neben dem Schweizer Mathematiker und Uhrmacher Jost Bürgi (1552 – 1632) als Erfinder der Logarithmen gilt.

Nun, im Falle der Serie „Die Simpsons" und ihrer Nachfolgeserie „Futurama" ebenfalls eine ganze Menge. Der bekannte Autor Simon Singh (siehe Literatur) zählt über 100 Beispiele auf und einige haben es auch mit der eulerschen Zahl e und Euler zu tun. Die Autoren der Serie glauben, dass beide Serien Spaß an Mathematik und Naturwissenschaften vermitteln, und haben sich mutig für Mathematik aller Art und ihre Vermittlung in solch einer Fernsehserie eingesetzt. Seit ich das weiß, sehe ich diese Serien mit anderen Augen, viel bewusster und achte auch auf die kleinen Feinheiten, die sonst allzu leicht untergehen.

Zum Abschluss noch einige mathematische Scherze mit Anmerkungen, die Eigenschaften von e und der zugehörigen Funktion e^x aufgreifen, die im Schulunterricht der gymnasialen Oberstufe vermittelt werden, und im Scherz gut zur Geltung kommen.

Es ist Funktionen-Party. Log(x), tan(x) und andere sind gut drauf, tanzen und lachen. Nur Exp(x) = e^x steht einsam in der Ecke. Fragt Log(x) : "Was ist denn los ?" Exp(x) : "Ich versuche mich ja zu integrieren, aber es kommt immer dasselbe dabei raus."

Anmerkung : In Abschlussprüfungen wie dem Abitur ist diese Eigenschaft bei Prüflingen sehr erwünscht. Das Integral von e^x ist wieder e^x, so einfach ist das. Nun ja, ganz so einfach sind Aufgaben im Zentralabitur ja nicht, der viele Text drum herum, die Anwendungen, alles das verschleiert so manches und lässt es gewichtiger erscheinen als es häufig tatsächlich ist.

Treffen sich zwei Funktionen im Unendlichen. Sagt die eine zur anderen : "Lass mich vorbei oder ich leite dich ab !" Sagt die andere : "Mach doch, ich bin eh 'ne e-Funktion !"

Treffen sich zwei Funktionen im Unendlichen. Sagt die eine zur anderen: "Lass mich vorbei oder ich leite dich ab !" Sagt die andere: "Mach doch, ich bin e^x." „Pech gehabt, ich bin aber d/dy !"

Anmerkung : Zum Glück gibt es immer wieder Menschen, die darüber zumindest schmunzeln können. Und gerade solche Scherze sind es, an die sich ehemalige Lernende noch erinnern, wenn sie sich zum 40jährigen Abiturjubiläum treffen, auch wenn sie nie eine gute Meinung über Mathematik gehabt haben, und auch so gut wie alles aus dem Mathematikunterricht vergessen haben. Natürlich freut sich dann der damalige Mathematiklehrer über solche Erinnerungen, wenn er es denn noch erlebt und mitfeiern kann.

Kapitel 15 : 14. März – Tag der Kreiszahl Pi (π)

„Wenn Du mein Passwort wissen willst :
Es sind die 8 letzten Ziffern von π ."
(Spruch eines unbekannten Studenten,
auf einem Seminartisch verewigt)

,

Am 14.03. ist jedes Jahr Tag der berühmten Kreiszahl Pi. Er geht zurück auf die US-amerikanische Datumsschreibweise 3/14, denn der numerische Wert von π auf zwei Dezimalen gerundet ist 3,14. Rein zufällig ist der 14. März sowohl der Geburtstag von Albert Einstein (1879 – 1955) als auch der Todestag von Stephen Hawking (1942 – 2018), was den Erinnerungswert des Pi-Tags verstärkt, und zu seiner Verbreitung beiträgt. Der Pi-Tag wird in den USA traditionell mit dem gemeinsamen Verzehren von kreisförmigen Kuchen begangen. Im Englischen wird der griechische Buchstabe π lautgleich wie das englische Wort *pie*, Kuchen, ausgesprochen. Ein solcher runder Pi-Kuchen oder solch eine Pi-Torte von 20 Zentimeter Durchmesser und 10 cm Höhe hat zudem π Kubikdezimeter = π Liter an Volumen, π Quadratdezimeter als Grundfläche, π Quadratdezimeter als Deckfläche, 2 π Quadratdezimeter als Seitenfläche, also insgesamt 4 π Quadratdezimeter als Gesamtoberfläche. Stellt man die Pi-Torte auf eine undurchsichtige Tortenplatte, dann ist das gesamte Volumen von oben zu sehen, aber nur 3 π Quadratdezimeter der Oberfläche, während die π Quadratdezimeter der Grundfläche nicht zu sehen sind. Erfahrene Pi-raten werden wohl sicher darauf achten, dass der Pi-Kuchen mit Pi-stazien geschmückt nach der Herstellung in pi-ttoresker Umgebung frisch verzehrt wird, also π Stunden nicht überlebt, alles andere wäre pi-etätlos. Wer wissen will, wie viele Minuten und Sekunden diese Zeitspanne in etwa hat, der wird schon einen Näherungswert bestimmen analog zur Bestimmung des Daumenumfangs nach der schon sprichwörtlichen Näherungsformel „Pi mal Daumenbreite". Andere an diesem Gedenktag passende Gerichte zum Pi-cknick sind Pi-chelsteiner Eintopf, auch mit essbaren Pi-lzen, Pi-zza oder Pi-roggen und als passende Getränke Pi-ccolo oder Pils. Besonders genaue Pi-Fans feiern am 14. März um 1 Uhr 59 Minuten und 26 Sekunden und erreichen die Kreiszahl Pi damit bis zur siebten Nachkommastelle : 3,1415926.

Wissen Sie, wie man das Volumen V einer Pizza berechnet ?
Anmerkung : Mathematiker lieben es kurz und knackig. Die Lösung ist ganz einfach : Es gilt :

$$\mathbf{V} = \mathbf{Pi} \cdot \mathbf{z} \cdot \mathbf{z} \cdot \mathbf{a}$$

z ist der Radius (also die Hälfte der größten Strecke einmal quer durch), a die Höhe der Pizza, Pi die berühmte Kreiszahl 3,1415… und · das Multiplikationszeichen. Diese „Formel" gilt auch für das Volumen der Pi-Torte/des Pi-Kuchens. Für Lernende ist es wichtig, dass sie flexibel mit den Variablen umgehen können, dass also zum Beispiel als Variable für die Höhe nicht immer nur h oder für den Radius nicht immer nur r benutzt wird. So einfach kann Mathematik sein, genauso wie Albert Einstein es einmal gefordert hat : „Erkläre alles so einfach wie möglich, aber nicht einfacher." Und auch Lesende können es, wenn sie ein Maßband holen, nachmessen und rechnen. Und immer dran denken : „380 g" auf der Packung ist eben keine Volumenangabe, sondern eine Massenangabe. Aber Messen und Masse, da sind wir schon in der Physik und nicht mehr in der Mathematik.

Ort der Wahrheit
Es meinte ein Küster aus Chur,
Pi sei 3, und bestand darauf stur.
Da riet man ihm dringend,
zu sagen, dass zwingend
in Chur sei dies zutreffend nur.

Anmerkung : Bezieht da jemand vielleicht seine Kenntnisse aus der Bibel und besteht auf dem, was dort geschrieben steht ? Im Alten

Testament wird im 1. Buch der Könige in Kapitel 7, Vers 23, ein Zusammenhang zwischen dem Durchmesser eines Kreises und seinem Umfang genannt, der auf genau Pi = 3 führt ? Und das, obwohl schon um etwa diese Zeit Archimedes mit 22/7 als Näherung gerechnet hat, und auch schon andere Näherungswerte benutzt wurden, aber eben nicht exakt 3 ? Die Idee in diesem Gedicht von Richard Erbefels, Pi sei 3, ist also nicht neu. Und es geht noch ärger zu :

Der Arzt Edward Johnston Goodwin aus dem US-Bundesstaat Indiana veröffentlichte mehrere Aufsätze über die Quadratur des Kreises, ein bis heute beliebtes Thema für Hobbymathematiker, obwohl zum damaligen Zeitpunkt schon klar und eindeutig bewiesen worden ist, dass dies Problem nicht lösbar ist. Goodwin schrieb, er habe im Jahr 1888 *„auf übernatürliche Art und Weise das exakte Maß des Kreises"* erfahren. Der Beitrag in der Fachzeitschrift *American Mathematical Monthly* ist unklar formuliert und in sich widersprüchlich. Der amerikanische Mathematiker David Singmaster konnte aus dieser und weiteren Abhandlungen Goodwins insgesamt neun verschiedene Werte für π herauslesen. 1897 wollte Goodwin die Nutzung der Erkenntnis, Pi = 4, für Schulen kostenlos anbieten, aber andere Nutzer sollten Gebühren zahlen. Indiana Pi Bill ist die inoffizielle Bezeichnung eines Gesetzentwurfs, der 1897 vom Repräsentantenhaus von Indiana ohne Gegenstimme angenommen wurde, mit dem Pi = 4 gesetzlich festgesetzt werden sollte. Dem Mathematiker Clarence Abiathar Waldo gelang es gerade noch rechtzeitig, einen Beschluss des Senats von Indiana zu verhindern. Ein Senator, der offenbar über mehr Sachverstand verfügte als seine Kollegen aus dem Repräsentantenhaus, kommentierte später: „Wir hätten es ebenso gut zum Gesetz machen können, dass Wasser aufwärts fließt." Es wurde letztlich aber nichts im Senat von Indiana entschieden, die Entscheidung wurde lediglich auf unbestimmte Zeit vertagt, irgendwie typisch für Entscheidungen, die Politiker treffen. Oder etwa nicht ?

Frage : Was ist Pi ?

Antwort eines Mathematikers : Pi

Antwort eines Mathematikdidaktikers : Pi ist der Quotient aus Umfang und Durchmesser eines Einheitskreises.

Antwort eines Physikers : Pi ist 3,1415927 plusminus 0,00000005.

Antwort eines Ingenieurs : Pi ist in etwa 3.

Anmerkung : Jeder gibt die im/ihr geläufige Antwort. Da spukt die Vorstellung wieder in den Köpfen, Pi sei 3. Nur wird eine Berechnung damit zwar einfach, aber falsch.

Der 13. März ist nach einem UNESCO-Beschluss seit 2020 außerdem Internationaler Tag der Mathematik. Während sich der Pi-Tag

auf die Themen rund um Pi beschränkt, steht beim Internationalen Tag der Mathematik – trotz mancher Parallelen – die Mathematik in ihrer gesamten Allgegenwärtigkeit und Vielfalt im Mittelpunkt. Auf dem US-amerikanischen Plakat wimmelt es daher von Figuren und Formeln, mehr oder weniger willkürlich und zufällig angeordnet und platziert, nach der Methode : Je mehr und vielfältiger, desto Mathematik. Das deutschsprachige Plakat versucht mit Bildern die große Vielfalt, Vielseitigkeit, Spannweite und Bandbreite der Mathematik anzudeuten.

Noch'n Witz : Piraten haben Probleme, ihren Kurs als Kreis zu zeichnen oder im Kreis zu navigieren. Klar, weil sie Pi raten.

Anmerkung : Und damit haben wir einen guten Übergang zum nächsten Kapitel.

Kapitel 16 : 22. Juli – Pi Approximation Day

„Noli turbare circulos meos. (Zer)störe meine Kreise nicht."

(Archimedes von Syrakus; * um 287 v. Chr. vermutlich in Syrakus; † 212 v. Chr. ebenda)

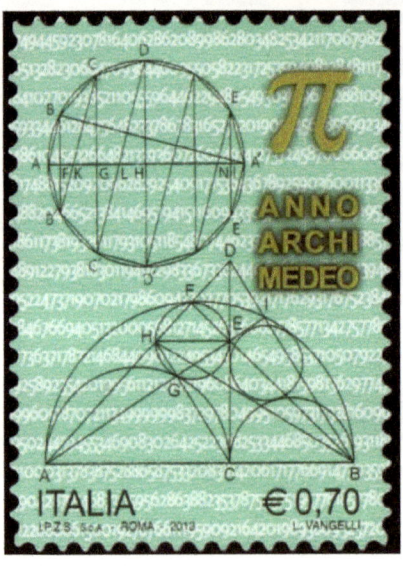

Am 22. Juli ist Pi-Annäherungstag *(Pi Approximation Day)*, mit dem die näherungsweise Darstellung von π durch Archimedes als Bruch 22/7 ≈ 3,14 geehrt werden soll.

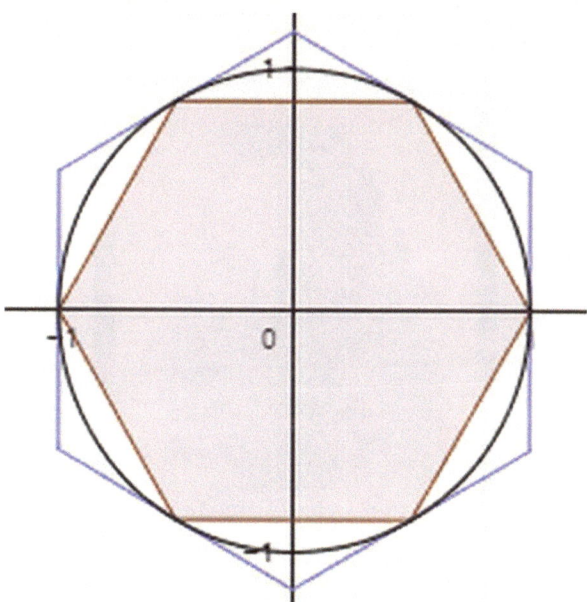

Annäherung an einen Kreis durch Um- und Einbeschreiben von Vielecken (Fünfecken, Sechsecken, Achtecken, etc), hier im Bild durch Sechsecke, um Näherungswerte für π zu bekommen.

Interessant auf dieser deutschen Briefmarke zum Internationalen Mathematiker-Kongress 1998 in Berlin ist neben dem Quadrat mit den
einbeschriebenen Quadraten der Hintergrund. Hier wird die Dezimalentwicklung von π angegeben.

Auf der chinesischen Briefmarke zu Ehren von Tsu Chong Zhi (ca.
429 – ca. 500) ist π mit 8 Nachkommastellen angeben. Über Tsu ist

sehr wenig bekannt, auch nicht, wie er seine interessante Annäherung an π mit $\pi \approx 355/113$, also nicht nur die 8 Nachkommastellen auf der Briefmarke, überhaupt erhalten hat, eine Näherung, die über 1000 Jahre lang Spitze war.

Früher merkten sich Mathematiker, professionelle wie auch Hobbymathematiker, die Folge der ersten Ziffern von π mit Hilfe von Merkversen. Eine Auswahl davon ist :

Ist's doch o jerum, schwierig zu wissen, wofür sie steht.

Hinweis : Dieser 1. Merkvers liefert 10 Nachkommastellen. Die Anzahl der Buchstaben jedes Wortes ergibt jeweils die Ziffer von π an der entsprechenden Stelle. Das „' „-Zeichen trennt die Zeichenfolge „Ist's" in 2 Worte. Nach der ersten Ziffer (3) setzen wir ein Komma. Wir berücksichtigen und zählen alle anderen Satzzeichen nicht und erhalten π = 3,1415926535… .

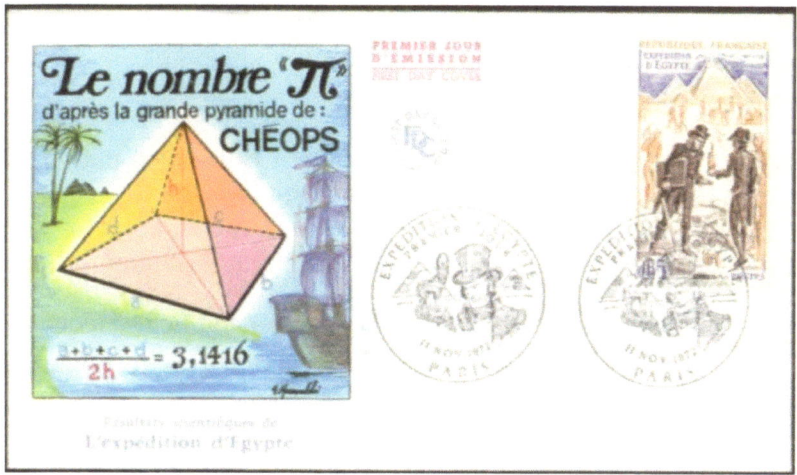

Der 2. Merkvers (Weinmeister, 1878) liefert 23 Nachkommastellen :

Wie, o dies π macht ernstlich so vielen viele Müh. Lernt immerhin, Jünglinge, leichte Verselein. Wie so zum Beispiel dies dürfte zu merken sein.

Hinweis : Die Satzzeichen sind bis auf das erste Komma – dieses bitte setzen – nicht zu berücksichtigen und nicht zu zählen. Wir erhalten $\pi = 3{,}14159265358979323846264\ldots$.

Anmerkung : So habe ich es als Schüler einmal gelernt. Heute genügt ein Druck auf den richtigen Knopf eines Taschenrechners oder eines anderen elektronischen Hilfsmittels, und wir lesen die ersten Ziffern dieser berühmten Kreiszahl, die übrigens unendlich viele Ziffern nach dem Komma (unvorstellbar, aber wahr !) hat.

Der 3. und der 4. Merkvers liefern jeweils 31 Nachkommastellen :

Mag's laut, o Musen, erklingen, In warmem Danke dem Kreis Genialer führender Geister lobsingen, Die es uns erkämpft, sich mühend in Fleiss : Ehre sei Dir, Archimed, Und so Lambert, Lindemann Preis !

Nie, o Gott, o guter, verliehst Du meinem Hirne die Kraft, mächtige Zahlreih'n dauernd verkettet bis in die späteste Zeit getreu zu merken; drum hab' ich Ludolfen mir zu Lettern umgeprägt.
(Franz Brentano)

Hinweis : Wir verfahren wie in den vorigen Beispielen und erhalten $\pi = 3{,}1415926535897932384626433832795\ldots$.

Der 5. Merkvers in Englisch liefert 23 Nachkommastellen :

How I want a drink, alcoholic of course, after the heavy lectures involving quantum mechanics! All of thy geometry, Herr Planck, is fairly hard...

Der 6. Merkvers in Englisch liefert 30 Nachkommastellen :

Now I know a spell unfailing an artful charm for tasks availing
Intricate results entailing not in too exacting mood.
(Poetry is pretty good.) Try the talisman, Let be adverse ingenuity.

Der 7. Merkvers in Französisch liefert 31 Nachkommastellen :

Que j'aime à faire apprendre un nombre utile aux sages. Immortel Archimède, artiste ingénieur. Qui de ton jugement peut priser la valeur ? Pour moi, ton problème eut de pareils avantages.

Hinweis : Bei der englischen wie der französischen Version ist nach der ersten Ziffer (3) ein Komma zu setzen. Wir verfahren wie in den vorigen Beispielen, wobei „ ' " im französischen Vers bei „j'aime" als Worttrenner fungiert und ansonsten wie alle Satzzeichen weder berücksichtigt noch gezählt wird. Vom 7. Vers gibt es eine allerdings holprige Übersetzung :

Dir, o Held, o alter Philosoph, du Riesen-Genie ! Wie viele Tausende bewundern Geister, Himmlisch wie Du und göttlich ! Noch reiner in Äonen wird das uns strahlen, wie im lichten Morgenrot.

Anmerkung : Die 32. Nachkommastelle von π ist 0. Mit der Vereinbarung, dass für ein Wort mit 10 Buchstaben die Ziffer 0 geschrieben werden soll, wurden Gedichte möglich, die mehr als 31 Nachkommastellen erzeugen. Besonders lang ist *Near a Raven*, ein Gedicht von Mike Keith, das er 1995 in Anlehnung an Edgar Allen Poes *Der Rabe* geschrieben hat. Mit Hilfe dieses Gedichtes kann man π auf 740 Nachkommastellen genau angeben.

Kapitel 17 : 23. November – Fibonacci Tag

„Wenn ich zufällig etwas mehr oder weniger Richtiges oder Notwendiges ausgelassen habe, bitte ich um Vergebung, da es niemanden gibt, der in allen Angelegenheiten ohne Fehler und Umsicht ist."

(Leonardo von Pisa auch Fibonacci genannt)

Am 23. November wird in den USA der Fibonacci Tag (Fibonacci Day) gefeiert. Der Italiener Leonardo von Pisa (* um 1170 in Pisa; † nach 1240 in Pisa) - auch Fibonacci genannt - gilt als einer der bedeutendsten Mathematiker des Mittelalters, ja als erster europäischer

„Fachmathematiker" des Mittelalters. Er entstammte einer angesehenen Kaufmannsfamilie. Der Vater, ein Konsularbeamter der Republik Pisa in Tunesien, bestimmte einen Mauren als Erzieher des jungen Leonardo, der dadurch auch mit den mathematischen Leistungen der Araber vertraut gemacht wurde. Der später in Pisa als Rechenmeister bzw. Mathematiklehrer tätige Fibonacci bereiste als Handelsbeauftragter seiner Heimatstadt Ägypten, Syrien, Konstantinopel, Griechenland und Sizilien. Dabei befasste er sich mit den wissenschaftlichen Leistungen jener Völker und eignete sie sich an. So verbanden sich in Leonardo zwei Kulturkreise. Das erklärt auch seine zwei Namen. Der italienischen Tradition folgend setzte er zum einen hinter das Leonardo den Namen seiner Vaterstadt Pisa (wie auch Leonardo da Vinci). Zum anderen fügte er nach arabischem Brauch das Wort „Sohn" und den Namen des Vaters (Bonaccio) an, wobei aus „figlio Bonacci" verkürzt Fibonacci wurde, der Name, mit dem er in die Geschichte der Mathematik einging.

Fibonacci sammelte seine gewonnenen Erkenntnisse in dem mathematischen Werk „Liber abaci" (Buch vom Abakus) aus dem Jahre 1202, das aus 15 Kapiteln besteht. Eine überarbeitete Fassung erschien 1228. Nur ist dieses Buch keine Anleitung zum Umgang mit dem Abakus, sondern führt die indisch-arabischen Ziffern und das Rechnen mit diesen Zahlen ein. Gegenüber diesen Zahlen bestand damals ein großes Misstrauen. Noch 1299 war in Florenz der Umgang damit verboten. Erst 1494 erlaubten die Medici ihren Verwaltungen, zu den indisch-arabischen Zahlen überzugehen. Es war letztlich Fibonaccis Buch, das zu deren Verbreitung und zum Übergang zur dezimalen Schreibweise beitrug. In diesem mittelalterlichen Standardwerk der Mathematik legte der Italiener erstmals die nach ihm in den 1870er Jahren von dem französischen Mathematiker Edouard Lucas so benannte Fibonacci-Folge dar. Obwohl diese mathematische Erkenntnis schon seit der Antike bekannt war, war es Fibonacci, der sie zur festen Größe der europäischen Mathematik machte.

Die Fibonacci-Folge ist eine unendliche Zahlenfolge, bei der sich die jeweils folgende Zahl durch Addition ihrer beiden vorherigen Zahlen ergibt. Also: 1, 1, 2, 3, 5, 8, 13, …. Auf der Briefmarke aus Liechtenstein (100 Rp = 1 Sfrs) wird diese Zahlenfolge dargestellt, jedoch wurde dort das erste Glied 1 weggelassen. Mit Blick auf die US-amerikanische Schreibweise des Datums 11/23 ergibt sich mit den Zahlen 1, 1, 2, 3 der Beginn dieser unendlichen Zahlenfolge. Daher fällt in den USA dieser Gedenktag eben auf den 23. November.

Die Fibonacci-Zahlen weisen eine weitere bemerkenswerte mathematische Besonderheit auf. Denn sie stehen in einem unmittelbaren Zusammenhang zum sogenannten Goldenen Schnitt. Je weiter man in der Zahlenfolge rechnet, desto mehr nähert sich der Quotient aufeinanderfolgender Zahlen alternierend 1,618033… an, dem Goldenen Schnitt. (siehe Briefmarke von Liechtenstein zu 400 Rp = 4 sfrs)

Exemplarisch seien einige dieser Quotienten angeführt : 13 : 8 = 1,6250; 21 : 13 = 1,6154; 34 : 21 = 1,6190; 55 : 34 = 1,6176, ..., diese Annäherung ist also abwechselnd kleiner oder größer als der Goldene Schnitt. Diese Quotientenbildung wird auf der Briefmarke aus Liechtenstein zu 260 Rp = 2,60 sfrs veranschaulicht.

Die Fibonacci-Folge definiert die Krümmung natürlich vorkommender Spiralen wie Schneckenhäuser (siehe National Fibonacci Day-

Plakat) und sogar das Samenmuster in Blütenpflanzen. Der Goldene Schnitt hat auch etwas mit der logarithmischen Spirale zu tun, daher ist auf der italienischen Briefmarke und auf dem amerikanischen Plakat 2021 auch die logarithmische Spirale abgebildet.

Leonardo da Pisa war kein reiner Theoretiker, sondern als genauer Beobachter seiner Umwelt erklärte er diese Entdeckung am Beispiel des Wachstums einer Kaninchenpopulation.

Er fragte, wie viele Kaninchenpaare in einem Jahr von einem einzigen Paar erzeugt werden, wenn folgende Bedingungen gelten sollen :

Das Paar bringt monatlich ein neues Paar zur Welt.
Jedes neue Paar erzeugt vom zweiten Monat an monatlich ein neues Paar.
Es gibt in dieser Zeit keine Todesfälle.

Er löste das Problem und ging zu Beginn von einem Pärchen aus, das nach einem Monat ein Pärchen bekommt. Von diesen zwei Paaren bekommt im nächsten Monat nur ein Paar Nachwuchs. Deshalb gibt es nach dem zweiten Monat drei Paare. Wenn man so weiter rechnet, kommt man schließlich nach einem Jahr auf 377 Kaninchenpaare. In seiner Schrift ist dies offenbar der einzige Fall, die Fibonacci-Folge zu veranschaulichen.

Kapitel 18 : Das Schildkröten-Paradoxon

„Wer dem Paradoxen gegenübersteht,
setzt sich der Wirklichkeit aus.“

Zenon von Elea (490 – 430 vor Christus) behauptete, dass Achilles, der in Griechenland als Held des Trojanischen Krieges und als schneller Läufer bekannt war, eine Schildkröte, die einen Vorsprung von 1 Stadion (rund 192,3 m) hat, niemals einholen werde, auch wenn er 10 mal so schnell wie die Schildkröte ist.

http://matheplanet.com/matheplanet/nuke/html/uploads/6/9729_achilles.gif

Zenon begründet das so : Hat Achilles ein Stadion zurückgelegt, ist die Schildkröte nicht mehr dort, sondern 1/10 Stadion weitergekrochen. Hat Achilles auch diese Stelle erreicht, ist die Schildkröte schon wieder weitergekommen. Und dies wiederholt sich immer weiter. Immer wenn die Achilles an der Stelle angekommen ist, an der die Schildkröte eben war, ist diese nicht mehr dort, sondern hat sich schon wieder etwas davon entfernt. Auch wenn diese Strecken immer kleiner werden, erreicht Achilles (siehe Briefmarke unten) die Schildkröte nach Zenons Schluss nie. Hubert Cremer hat diesem Trugschluss (Sophismus) des Zeno folgendes Gedicht gewidmet und dort eine Lösung angegeben, die den Griechen nicht gelungen ist, weil ihnen Grenzwerte damals noch unbekannt waren.

Aufgabe : Auf welchem Trugschluss beruht das Sophisma des Zenon vom Wettlauf des Achilles mit der Schildkröte ?

Lösung : „Der Zenon, den ein jeder kennt,
war zu Elea einst Dozent.
Er schrieb gar viel, was schön und wichtig,
 es war nur leider niemals richtig.
Die mathematische Wissenschaft
war ihm noch ziemlich schleierhaft.
Jedoch, als ob er was verstände,
schrieb er darüber ganze Bände.

Als einstens er beim Morgenfraß
mal recht vergnügt im Schlafrock saß
und im Athener Tageblatte
das Wichtigste gelesen hatte
(die marathonische Keilerei,
den Aufruf der „Griechischen Volkspartei"),
sprach schmunzelnd er : „Hm, hm, ja, ja,
jetzt mach ich mal ein Sophisma !

Schildkröten sind uns hierzuland
als plump und langsam wohlbekannt.
Achill, so schließ ich, weil ich hell,

läuft sicherlich zehnmal so schnell.
Je nun, er rennt, so denk ich mir,
mal um die Wette mit dem Tier.
Zehn Meter Vorsprung geb' er bloß;
dies Zugeständnis scheint nicht sehr groß.

Die Glocke tönt, der Kampf fängt an,
nun, gute Kröte, halt Dich ran !
Zehn Meter läuft Achilles heiter;
die Kröte ist nen Meter weiter.
Auch diesen läuft Achill in Eil;
die Kröte läuft den zehnten Teil.
Auch dieses Stück durchmisst Achill,
doch ach, das Vieh steht auch nicht still;

Sie ist trotz allem etwas weiter;
Achilles ist schon nicht mehr heiter.
So wiederholt sich dieses Spiel,
 und nimmer kommt der Held ans Ziel.
(Der Schluss ist ja impertinent !
Die Reihe ist doch konvergent !)
Nimmt er der Kröte alten Ort,
schwupp ! ist sie auch schon wieder fort.

Er kommt in Wut bis zur Ekstase;
die Kröte dreht ihm eine Nase
Sie bleibt ihm stets ein Stück voraus;
Achilles schleicht geknickt nach Haus.
Die Kröte aber triumphiert
und wird mit Orden dekoriert.
(Oh Zenon, Zenon, alter Wicht,
kennt Du den Kowalewski nicht ?)

Als Zenon dies verfertigt hat,
schickt er es gleich dem Tageblatt;
Die Redaktion, dieweil sie helle,
zahlt eine Drachme auf der Stelle
und bringt das Zeug nach einer Weile
 recht groß im Unterhaltungsteile.

Man liest's, soweit man gut gelaunt,
man räuspert sich und ist erstaunt,
ist halb erfreut und halb ergrimmt,
doch weiß man nicht, weshalb's nicht stimmt.
Das kam, weil, das ist sonnenklar,
der Mangoldt nicht erfunden war !
Hätt man gehört bei Dr. Feigl,
der Zenon trüg kein Lorbeerzweigl (au !);

Man hätt gewusst, was uns verständlich :
der Wert der Reihe ist ja endlich !
Ihr Limes ist, so schließ ich schlau,
sogar der Treffpunkt ganz genau.
Da in der Reihe, wie wir sehn,
nur positive Glieder stehn,
die Teilsumme, wie Ihr wohl wisst,
stets kleiner als der Limes ist.

Indem er nun nur Stellen zählt,
die vor dem Treffpunkt sind gewählt,
lügt er dem biedern Publiko
nun vor, es bleibe immer so !
Und das betagte Publikum
 glaubt ihm das alles, weil es dumm.
Wir glauben's nicht; denn wir sind schlau.
Wir wissen so was ganz genau.

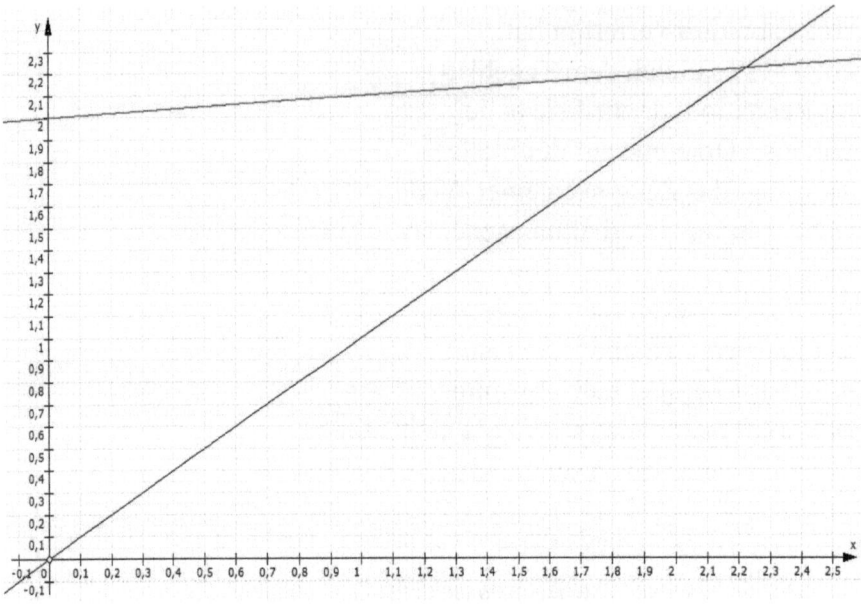

Blau : Der Weg-Zeit-Graph von Achilles,

rot : Der Weg-Zeit-Graph der Schildkröte

x : verflossene Zeit in Zeiteinheiten; y : zurückgelegter Weg in Vielfachen von 100 m; 1 Stadion = 200 m

Anmerkung : Soll ich da noch algebraische, geometrische oder physikalische Veranschaulichungen ergänzen, die den gleichen Sachverhalt darstellen oder visualisieren ? Es gibt zwar immer Menschen, denen solch eine andere Darstellung eher zusagt, die bei ihnen besser zum Verständnis beiträgt. Für diese Personen gibt es aber woanders gute Fundstellen. Wer suchet, der findet. Eine einfache Grafik gönne ich uns doch, siehe oben. Ich schmunzle über diese treffliche Erklärung und erfreue mich daran. Da stört mich auch die Patina vergangener Zeiten wie auch die Erwähnung heute fast unbekannter Mathematiker überhaupt nicht.

Kapitel 19 : Mathematische Schmankerl

„Der Begriff der Mathematik ist der Begriff der Wissenschaft überhaupt.
Alle Wissenschaften sollen daher Mathematik werden."

Warnung : Bitte unbedingt vor dem Weiterlesen zur Kenntnis nehmen !

Mathematiker erzählen sich untereinander Witze, indem sie mathematische Begriffe einsetzen, und mathematische Tatsachen benutzen. Mathematikern macht es sehr viel Spaß, mit Fachausdrücken um sich zu werfen und sich auf mathematische Ergebnisse zu berufen, je mehr, desto besser, und je unverständlicher, desto wissenschaftlicher. Aber ob ein Nicht-Mathematiker so etwas wohl versteht ? In den Anmerkungen versuche ich, ein wenig zum Verständnis auch für Nicht-Mathematiker beizutragen. Kapitel 20 kann wieder bedenkenlos genossen werden.

Achtung : Weiterlesen dieses Kapitels ab hier auf eigene Gefahr !

Es gibt neue Erkenntnisse über den berühmten Hamlet-Dialog (Sein oder Nicht-Sein). Im Hamletschloss hat man eine Wandkritzelei freigelegt, auf der ein vollständiger Kreis (ein Einheitskreis) zu sehen ist. Daneben ist eingeritzt : "6,28... ?" Daher müsste der berühmte

Dialog doch so beginnen : "Two Pi or not two Pi, that is here the question." Und nur ein Mangel an mathematischer Bildung bei Shakespeare oder seinen Übersetzern – vielleicht auch ein nuschelnder das p wie b aussprechender Schauspieler - hat die uns bekannte Fassung "Sein oder Nicht-Sein – to be or not to be" hervorgebracht.

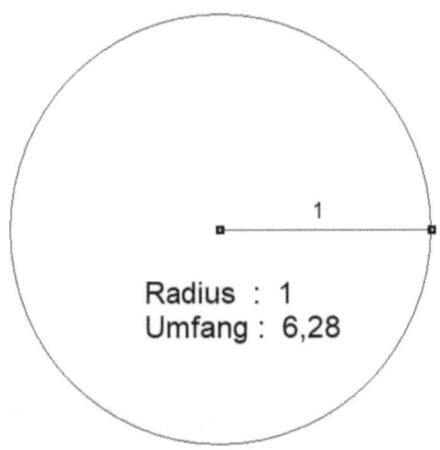

Anmerkung : In Deutschland wird bekanntlich als ungebildet angesehen und in Kreisen, die sich gebildet dünken, durchaus auch geschnitten, wer den Hamlet-Dialog nicht kennt, wer nicht weiß, wer Shakespeare war, obwohl sich sogar Shakespeare-Experten darüber nicht einig sind. Aber wer von Pi oder anderen mathematisch-naturwissenschaftlichen Dingen keine Ahnung hat, darf sich mit diesem Mangel brüsten, ohne dass es negative Folgen hat, und wird – häufig von ebenso ahnungslosen Damen – dafür noch bewundert. Für die berühmte Kreiszahl Pi gilt : Pi = 3,14..., wobei nach dem Komma unendlich viele Stellen/Ziffern (das ist schwer vorstellbar, aber wahr) folgen. Daher gilt für das Doppelte 2·Pi = 6,28... . Der Umfang (also einmal rum), den ein Kreis mit dem Radius 1 m, ein Einheitskreis, hat, beträgt rund 6,28 m.

Wenn in einer Diskussion der Diskutierer mit dem Diskuteur das Diskutierte diskutierend diskutiert, wohin führt es dann, wenn bei einer Division der Dividierer (oder muss es Divisionär heißen ?) dividierend den Dividenden durch den Divisor dividiert ?

Anmerkung : Die Antwort heißt natürlich nicht "Dividende", was mir schon mal jemand geantwortet hat, der im Divi-Stamm bleiben wollte. Der Name für das Ergebnis einer Division stammt aus der Gattung der Enten und hat den Vornamen Quoti. Es handelt sich um einen Quotienten. Alles klar oder ist Dir jetzt schon schwindelig ?

"Ich finde Ihre Arbeit ziemlich monoton." Das sagte ein Nicht-Mathematiker zu einem Mathematiker, der darauf erwiderte : "Dafür ist sie aber stetig und nicht beschränkt."

Eine reelle Zahl S_o heißt obere Schranke, wenn für jedes Folgenglied $a_n < S_o$ gilt. Wir nennen die Folge dann nach oben beschränkt.
Eine reelle Zahl S_u heißt untere Schranke, wenn für jedes Folgenglied $a_n > S_u$ gilt. Wir nennen die Folge dann nach unten beschränkt.
Besitzt eine Folge sowohl obere als auch untere Schranke, so nennen wir sie beschränkt.

Anmerkung : Gewisse mathematische Fachleute beschäftigen sich mit den Eigenschaften von Funktionen. Also unter anderem mit Monotonie (anschaulich : wächst immer weiter oder wird immer kleiner, anders ausgedrückt : fällt immer tiefer), mit Stetigkeit (anschaulich : hat keine Lücken und keine Sprünge, die graphische Darstellung, kurz der Graph, lässt sich in einem Koordinatensystem vollständig zeichnen, ohne dass man den Zeichenstift absetzen muss) und mit Beschränktheit (anschaulich : wächst nicht über oder fällt nicht unter eine bestimmte Grenze). Sie beschäftigen sich nicht nur mit den Eigenschaften, sondern auch mit Zusammenhängen zwischen diesen

Eigenschaften. Der eigentliche Witz wird nur einer kleinen Minderheit von Mathematikern klar, die anderen lachen aus Höflichkeit mit (meist etwas gequält) und wollen so ihre Unkenntnis verbergen. Aber wer in einem Vortrag solch einen Witz einbaut, kann an den Gesichtszügen feststellen, wer zu welcher Sorte gehört, oder aber wer schon ganz abgeschaltet (aufgegeben) hat.

Warum sind Gärten nicht algebraisch abgeschlossen ?
Antwort : Weil Pflanzen keine Quadratwurzeln haben.

Anmerkung : Auch ein Beispiel, wo Mathematiker, dieses Mal einer anderen Minderheit, lachen können. Aber nicht alle Mathematiker haben so viel Kenntnis, dass sie überhaupt verstehen, um was es hier geht. Wenn alle Rechenoperationen nicht aus einer Menge herausführen, dann ist diese Menge bezüglich dieser Rechenoperationen abgeschlossen. Dazu muss zu jeder Operation aber auch die Umkehroperation (anschaulich macht die Umkehroperation die Operation wieder rückgängig) mit betrachtet werden. Zum Addieren müssen wir also auch das Subtrahieren, zum Multiplizieren das Dividieren und zum Quadrieren das Wurzelziehen mit einbeziehen. Viele Mathematiker gehen in solch einen Vortrag nur, um gesehen zu werden, sie verstehen nicht viel, so beschränkt ist ihr Arbeitsbereich, in dem sie mitreden können, sie kommen aber auch, damit andere sich gezwungen sehen, auch in ihre Vorträge zu kommen.

Wann ist eine Mathematikvorlesung kompakt ? Antwort : Wenn der Raum abgeschlossen und der Professor beschränkt ist.

Eine Teilmenge der Menge der reellen Zahlen ist genau dann kompakt, wenn sie beschränkt und abgeschlossen ist.

Anmerkung : Wieder so ein Spiel mit Fachausdrücken, die eine gewisse Minderheit von Mathematikern mit der Definition von "kompakt" benutzt. Als Schüler hatten wir einen Physiklehrer, der den Physikraum mit Beginn seines Unterrichts abschloss, und damit alle zu spät Kommenden vom Unterricht ausschloss. Wir haben diesen Lehrer genau deswegen als beschränkt angesehen. Kann sich jemand vorstellen, warum sein Unterricht nach dieser Mathematikdefinition kompakt sein sollte ? Typisch höhere Mathematik. Da hat man Worte, unter denen sich Normalsterbliche nichts Anschauliches mehr vorstellen können, jedenfalls nicht das, was sich diese Spezies Mathematiker darunter vorstellt.

Problem : Wie fängt man einen Löwen in der Wüste ?

https://www.3sat.de/dokumentation/tiere/wuestenkoenige-die-loewen-der-namib-100.html

Ich mache ausnahmsweise mal keine Anmerkungen und bitte um Aufmerksamkeit für folgende Lösungsvorschläge, erarbeitet von ernst zu nehmenden Wissenschaftlern.

Lösung nach Bolzano-Weierstraß :
Wir halbieren die Wüste und ziehen einen Zaun in Nord-Süd-Richtung quer durch die ganze Wüste. Der Löwe ist entweder in der westlichen oder in der östlichen Hälfte. Wir nehmen an, er befinde sich in der westlichen Hälfte. Diese Hälfte halbieren wir und ziehen einen Zaun in Ost-West-Richtung. Der Löwe ist entweder in der nördlichen

oder in der südlichen Hälfte. Wir nehmen an, er befinde sich in der nördlichen Hälfte. Auf diese Weise fahren wir fort. Wenn wir rechtzeitig die beiden restlichen Rechteckseiten auch noch einzäunen, dann können wir den Zaun so weit zuziehen (theoretisch gegen Null), dass sich der Löwe bewegungsunfähig im Zaun verfängt.

Lösung mit Mitteln der Abbildungsgeometrie :
Stelle einen zylinderförmigen Käfig in die Wüste.
Fall A : Der Löwe ist im Käfig. Dann ist das Problem gelöst.
Fall B : Der Löwe befindet sich außerhalb des Käfigs. Stelle Dich in den Käfig und mache eine Inversion an den Käfigwänden. Diese Abbildung bildet das Käfiginnere nach außen und das Äußere ins Innere des Käfigs ab. Der Löwe befindet sich dann im Innern des Käfigs und Du draußen. Das Problem ist auch in diesem Fall gelöst. Aber Achtung : Stelle Dich vor der Abbildung nicht auf den Mittelpunkt des Käfigbodens, sonst verschwindest Du nach dem Abbilden im Unendlichen.

Lösung mit der Projektionsmethode :
Die Wüste fassen wir ohne Beschränkung der Allgemeinheit als Ebene auf. Wir projizieren sie auf eine Gerade durch den Käfig und die Gerade auf einen Punkt im Käfig. So gelangt der Löwe in den Käfig.

Lösung nach der Relativitätstheorie :
Überfliege den Löwen mit fast Lichtgeschwindigkeit. Die Längen-
kontraktion macht den Löwen flach wie Papier. Ergreife ihn, rolle
ihn auf und wickle ein Gummiband herum.

Lösung nach Schrödinger :
Die Wahrscheinlichkeit, dass sich der Löwe zu einem beliebigen
Zeitpunkt im Käfig befindet, ist größer als Null. Also setze Dich vor
den Käfig und warte.

Lösung nach Heisenberg :
Ort und Geschwindigkeit eines bewegten Löwen lassen sich nicht
gleichzeitig bestimmen. Bewegte Löwen haben daher keinen physi-
kalisch sinnvollen Ort in der Wüste, sie kommen für die Jagd nicht in
Frage. Daher muss sich die Löwenjagd auf ruhende Löwen beschrän-
ken. Das Einfangen eines ruhenden Löwen sei eine Übungsaufgabe
für Lesende.

Lösung nach der Peano-Methode :

Wir konstruieren eine stetige Peano-Kurve, die durch jeden Punkt der Wüste geht. Diese Kurve kann in beliebig kurzer Zeit durchlaufen werden. Mit einem Käfig unterm Arm laufen wir in noch kürzerer Zeit durch diese Kurve, als der Löwe braucht, um sich um seine eigene Länge fortzubewegen. Schon haben wir ihn gefangen.

Lösung nach der mengentheoretischen Methode :

Betrachte alle Teilmengen der Wüste, die den Löwen enthalten. Bilde ihre Schnittmenge. Sie enthält als einziges Element den Löwen. Packe sie in den Käfig. Beachte, dass bei dieser Durchschneiderei das schöne Fell des Löwen nicht zerschnitten wird.

Lösung mit Mitteln der Topologie :

Den Löwen fassen wir topologisch als Torus auf. Wir transformieren die Wüste in den vierdimensionalen Raum. Dann transformieren wir die Wüste so in den dreidimensionalen Raum zurück, dass der Löwe verknotet ist. Damit ist er gefangen.

Lösung mit der Newtonschen Methode :
Käfig und Löwe ziehen sich durch die Gravitationskraft an. Wir vernachlässigen die Reibung. Daher muss früher oder später der Löwe im Käfig landen.

Lösung eines Stochastikers :
Er nimmt ein Laplace-Rad, einige Würfel und eine Gauß'sche Glocke (siehe rote Linie der Normalverteilung auf der Briefmarke). Mit dem Laplace-Rad fährt er in die Wüste und wirft mit den Würfeln nach dem Löwen. Kommt der Löwe dann wutentbrannt angelaufen, stülpt er ihm die Gauß'sche Glocke über, und der Löwe ist gefangen.

Lösung eines Didaktikers :
Er nähert sich dem Löwen auf der Bruner'schen Spirale. Dann elementarisiert er den Löwen zu einer Katze und fängt ihn mit einer Schale Milch.

Lösung eines Elektrotechnikers :
Er benötigt dazu nur eine Telefonzelle und eine Fahrradklingel. Die Telefonzelle wird in der Wüste aufgestellt und man klingelt mit der Fahrradklingel. Der Löwe hört das Klingeln, will ans Telefon. Wenn er die Zelle betreten hat, muss man nur noch die Tür verschließen.

Unvermeidliche Anmerkung : Kritische Mathematiker haben angemerkt, dass in all diesen Fällen immer vorausgesetzt wird, dass die Existenz von mindestens einem Löwen gesichert ist. Aber Existenzprobleme sind meist die kompliziertesten Angelegenheiten in der Mathematik. Also müssen wir noch eine Lösung anfügen für alle, die die Existenz mindestens eines Löwen gesichert haben wollen. In diesem Sinne viel Spaß :

Dialektische Lösung : Man zäunt die Wüste ein, bewässert sie, sät Gras und setzt Kaninchen aus. Die Kaninchen vermehren sich rapide. Nach Hegel schlägt bald Quantität in Qualität um, wird aus den Kaninchen der Löwe. Und dann hat man den Löwen. Na, dann man tau.

Kapitel 20 : Lösung der Aufgaben

„Die ollen Römer konnten mit Algebra nichts anfangen;
denn für die ollen Römer war X immer nur 10."

(Jodokus Rauschebart)

Aufgabe aus Kapitel 1 : In der Mathematik kann überzeugend begründet werden, warum man nicht durch 0 dividieren kann und darf. In der Praxis kann es aber vorkommen, dass man durch 0 teilen muss. Wo ist dies der Fall ?

Hier ist die versprochene Lösung : Immer dann, wenn es ein Vermögen zu vererben gibt, aber keine Erben vorhanden sind, trifft dieser Fall ein. Hier müsste also das Vermögen auf 0 Personen verteilt, also durch 0 dividiert werden. In diesem Fall ist es gesetzlich geregelt, dass der Staat das gesamte Vermögen erhält, es also per Gesetz einen Erben gibt und die Division durch 0 nicht vorkommen kann. Umgekehrt ist es hingegen ganz einfach : Wenn es nichts zu vererben gibt, dafür aber Erben da sind, bekommt eben jeder Erbe nichts. 0 dividiert durch etwas ungleich 0, ergibt eben 0.

Aufgabe 1 aus Kapitel 11 : Welchen Winkel bildet der Minutenzeiger mit dem Stundenzeiger um 5 Minuten vor 12 Uhr ?

Anmerkungen, beinhaltend auch die versprochene exakte Lösung : Lehrer, die frisch von der Uni kommen, sind immer verwundert, wenn Lernende auf die Lehrerfrage mit der Gegenfrage reagieren :

"Woher soll ich das denn wissen ?" Erwachsene reagieren übrigens auch so. Eltern haben sich schon beschwert, das Problem sei so schwierig, die Antwort fänden sie nicht einmal bei Google. Auf Lernhemmnisse und wie Lehrende darauf reagieren können, wird in der Ausbildung, später in der Fortbildung oder in Richtlinien nie hingewiesen, lernende Lehrende nie darauf vorbereitet. Dort wird immer so getan, als sei in der Schule "heile Welt", in der alle Schüler ständig nur das wissen wollen, was ihnen Lehrende vorsetzen, was die Schulbehörde Lehrenden vorschreibt, es Lernenden vorzusetzen, und alle Schüler wahre Mathe-Genies sind. Nun zugegeben, einige sind es tatsächlich. Zum Glück gibt es ja auch Uhren im Briefmarkenformat, so dass sich alle eine Analoguhr vorstellen können. Ansonsten muss es halt experimentell vorgeführt werden.

Aber wir wollen ja hier unseren Spaß haben und ich möchte zeigen, wie ein erfahrener Pädagoge die klassischen sechs Kompetenzstufen zwischen "sehr gut" (1) und "ungenügend" (6) schnell und zuverlässig herausfinden kann, wenn Lehrende nicht im Frontalunterricht dozieren, sondern Schüler diese Aufgabe selbständig lösen sollen.

Note 6 erhalten die renitent Unbedarften, die verstört und nölend fragen : "Winkel ? Wat isn dat ?" Und sonst nichts beitragen können, sondern sich wieder anderen Dingen zuwenden.

Note 5 erhalten die kooperativ Unbedarften, die sich immerhin an das Wort Winkel erinnern, das aber nicht auf die Situation 5 vor 12 anwenden können, und sich dann wieder anderen Dingen zuwenden.

Die im Unterrichtsgespräch hartnäckig schweigende (sonst aber halt nicht !!!) Mehrheit der eigentlich nicht schlechten, aber trägen Schüler antwortet : "5 Minuten ... das sind ... ähäm räusper ... 30 Grad." Und erhalten als Note eine 4.

Wie kommen diese Schüler auf die Antwort 30 Grad ? Ganz einfach : Die stellen sich die Bewegung des Minutenzeigers vor. In 1 Stunde = 60 Minuten dreht sich der Minutenzeiger einmal um die eigene Achse. 360 Grad beträgt der Winkel, den er dabei überstreicht. Um 5 vor 12 fehlen ihm noch 5 Minuten, das ist der 12. Teil einer Stunde, an der vollen Umdrehung von 11 Uhr bis 12 Uhr. Und der 12. Teil von 360 Grad sind eben genau 30 Grad.

Die Ganz-ordentlich-guten merken, dass der Stundenzeiger noch nicht ganz auf 12 steht, das Bild in Kapitel 11 die korrekte Stellung des Stundenzeigers nicht exakt zeigt, und äußern : "Bisschen weniger als 30 Grad.", bekommen das aber nicht weiter gebacken. Nun, das ist eben befriedigend, also Note 3.

Die Guten (Note 2) können das dann auch noch ausrechnen und erhalten 27,5 Grad.

Wie bekommen die das heraus ? Ganz einfach : Die stellen sich die Bewegung des Stundenzeigers vor, der sich in 12 Stunden einmal um die eigene Achse dreht, in diesen 12 Stunden also einen Winkel von 360 Grad überstreicht. In einer Stunde überstreicht er den 12. Teil von 360 Grad und das sind wie eben 30 Grad. Um 5 vor 12 fehlen ihm genau 5 Minuten, der 12. Teil einer Stunde. Der 12. Teil an diesen 30 Grad sind genau 2,5 Grad. Und einfaches Kopfrechnen führt zu (30 - 2,5) Grad = 27,5 Grad.

Die Asse (Note 1) merken, dass der Winkel zwischen dem Minuten- und dem Stundenzeiger nach der Winkeldefinition überstumpf ist und berechnen korrekt 332,5 Grad.

Wie kommen diese Asse zu ihrer Antwort ? Nun, sie zeichnen sich die Situation "5 vor 12" auf oder stellen sie sich vor. Sie sehen zwei Winkel : Einen spitzen, für den wir oben 27,5 Grad berechnet haben, gewissermaßen zwischen den beiden Zeigern, die die Schenkel des Winkels bilden. Und einen Winkel außen herum, der den inneren zu 360 Grad ergänzt, der also (360 - 27,5) Grad = 332,5 Grad groß ist. Den Minutenzeiger vor dem Stundenzeiger zu nennen, ist natürlich eine typische Mathelehrer-Gemeinheit und dient im wahrsten Sinne dazu, den "Weizen von der Spreu" zu trennen. Warum wird gerade diese 2. Lösung mit "1" bewertet ? Das liegt daran, wie in der Mathematik ein Winkel definiert wird. Wir sehen in dieser Situation 2 Winkel. In der Mathematik soll es aber eindeutig sein, jedenfalls wenn es geht. Und das wird beim Winkel so gemacht : Betrachte den zuerst genannten Zeiger, hier ist es der Minutenzeiger, und betrachte den Bereich, den er überstreicht, wenn er gegen den Uhrzeiger (!) zum 2. Zeiger, hier ist es der Stundenzeiger, gedreht wird. Nach dieser Definition ist es also der äußere Winkel von 332,5 Grad, der in dieser Aufgabe gesucht wurde. Eine Drehung gegen den Uhrzeigersinn nennt man in der Mathematik auch Drehung im mathematisch positiven Sinn.

Aber da gibt es auch noch einige Empiriker, die sich hartnäckig weigern, etwas, was man durch einfaches Nachdenken exakt beantworten könnte, auch tatsächlich durch exaktes Nachdenken zu beantworten. Und wie stuft der erfahrene Mathematiklehrer diese Schüler ein ? Na ja, das Thema können wir hier nur ansprechen, aber nicht weiter vertiefen, das würde den Umfang dieses Buchs weit überschreiten und vor allem der Zielsetzung zuwider laufen, wir müssten dazu allzu ernst werden. Wir wollen hier jedoch zumindest schmunzeln, wenn nicht sogar lächeln oder noch besser lachen. Aber jeder erfahrene Mathematiklehrer hat seine eigene Strategie und Auffassung. Das hängt auch stark davon ab, wie diese Empiriker an das Problem herangehen, was sie dabei herausbekommen, und welche Erklärungen sie abgeben.

Aufgabe 2 aus Kapitel 11 : **Vier Quellen**
In eine Zisterne aus Stein ergießen sich vier Quellen.
Die vierte könnte allein sie in vier Tagen füllen.
Die dritte bräuchte drei Tage, entsprechend die zweite nur zwei,
und einen die erste. – Nun sage :
Wie lange benötigen hier zur Füllung gemeinsam die vier ?

Hier ist die versprochene exakte Lösung : Zum Füllen des Volumens V der Zisterne wird die Zeit t (gemessen in Tagen) benötigt. Pro Tag steuert die 4. Quelle alleine V/4 dazu, in t Tagen also V/4 ·t, wobei · das Zeichen für die Multiplikation und / das für die Division ist. Entsprechend gilt für die dritte Quelle : V/3·t, für die zweite V/2·t und die erste V·t. Wenn alle 4 Quellen gemeinsam die Zisterne füllen, gilt : V/4·t + V/3·t + V/2·t + V·t = V. Es soll ja das Volumen V (rechte Seite) einmal ganz gefüllt werden. Wie in der Schule gelernt, kann auf der linken Seite der Gleichung V·t ausgeklammert werden. Wir erhalten : V·t ·(1/4 + 1/3 + ½ + 1) = V. Wie in der Schule gelernt, kann auf beiden Seiten durch V dividiert/geteilt werden, wir setzen dabei voraus, dass das Volumen V nicht Null ist. Wir erhalten : t·(1/4 + 1/3 + ½ + 1) = 1 und sehen, dass die Lösung für t für jedes beliebige sinnvolle Volumen V gilt. Es ist also völlig egal, welches Volumen V die Zisterne hat. Wir rechnen die Summe in der Klammer der linken Seite aus und erhalten : t·25/12 = 1 und lösen nach t auf : t = 12/25 = 48/100 = 0,48. In 0,48 Tagen wird die Zisterne voll gefüllt. Das sind 11 Stunden, 31 Minuten und 12 Sekunden.

Flieder

Aufgabe 3 aus Kapitel 11 : **Ein Bienenschwarm**

Es setzte sich auf Kadambakelche
ein Fünftel schwärmender Bienen nieder;
Ein Drittel zog es zum üppigen Flieder,
dann zur Kutujablüte welche :
dreimal die Differenz der Werte,
die schon zuvor der Schwarm entbehrte.
Zuletzt gelockt vom milden Duft
der Campaka und vom Jasmine
Blieb nur noch eine einzige Biene,

flog hin und her in hoher Luft.
Nun sage mir, bezaubernde Frau,
wie lautet die Zahl der Bienen genau ?

Jasmin

Hier ist die versprochene exakte Lösung : Die Anzahl der Bienen des Schwarms muss sowohl durch 3 als auch durch 5 teilbar sein, also ein Vielfaches von 15, das heißt $15 \cdot n$, sein, **wobei · das Zeichen für die Multiplikation ist und die Variable n für alle natürlichen Zahlen außer 0 steht.** Ein Fünftel, also $3 \cdot n$ Bienen, setzte sich auf Kadambakelche. ein Drittel, also $5 \cdot n$ Bienen, zog es zum Flieder. $3 \cdot (5 \cdot n - 3 \cdot n)$ = $6 \cdot n$. So viele Bienen flogen zur Kutujablüte. Zusammen sind es $3 \cdot n$ + $5 \cdot n$ + $6 \cdot n$ = $14 \cdot n$ Bienen. Der ganze Schwarm soll $15 \cdot n$ Bienen umfassen, also bleiben n Bienen ($15 \cdot n - 14 \cdot n$) übrig, die hin und her in hoher Luft fliegen. Es flog aber nur eine Biene, so dass n = 1 folgt. Daher ist 15 die einzige Lösung dieses Zahlenrätsels. Und Biene Maja lässt grüßen.

Aufgabe 4 aus Kapitel 11 : Jakow Issidorowitsch Perelman stellte folgende Frage : „Wie kann man eine Zahl erraten, ohne Fragen zu stellen ?" und führte folgendes Beispiel an : „Denke Dir eine 3-stellige Zahl aus. Die einzige Bedingung ist, dass die Ziffer an der Hunderterstelle verschieden von der an der Einerstelle sein muss. Drehe dann die Zahl um (schreibe die Ziffern in umgekehrter Reihenfolge) und subtrahiere die kleinere von der größeren Zahl. Addiere danach zu dieser Differenz die umgedrehte Differenz. Ohne etwas zu fragen, sag ich Dir das Ergebnis, was Du nach korrekter Rechnung erhalten hast. Es ist 1089 – und zwar immer."

Hier ist die die versprochene exakte Lösung : Lesende orientieren sich bitte an dem folgenden Beispiel mit konkreten Zahlen, noch besser, sie erstellen nach dem Vorbild dieses Beispiels eine eigene Rechnung, bevor sie den abstrakten Beweis mit den Variablen x, y und z lesen und bearbeiten.

$$
\begin{array}{ccc}
x & y & z \\
3 & 2 & 1 \\
1 & 2 & 3
\end{array} \Big)- \\
\overline{ 1 \quad 9 \quad 8 \Big)+} \\
8 \quad 9 \quad 1 \\
\overline{ 1 \quad 0 \quad 8 \quad 9}
$$

Die 3-stellige Zahl xyz habe die 3 Ziffern x, y und z, wobei x Variable für die Ziffer an der Hunderterstelle, y für die an der Zehnerstelle und z für die an der Einerstelle ist, jeweils in der Ausgangszahl, die wir uns ausgedacht haben. Für x, y und z kommen die 10 Ziffern 0, 1, 2, 3, 4, 5, 6, 7, 8 und 9 in Frage, wobei wir aber immer laut Aufgabenstellung $x \neq z$ wählen müssen. Die umgedrehte Zahl hat dann die Ziffernfolge zyx.

Wir betrachten den Fall $x > z$ (siehe obiges Beispiel) :
In diesem Fall ist zyx kleiner als xyz. Daher subtrahieren wir zyx von xyz, also die Zahl in der 2. Zeile von der Zahl in der 1. Zeile, und erhalten bei der Differenz :
An der Einerstelle : $10 + (z - x)$. 10, da wir uns wegen $z < x$ einen Zehner „borgen" müssen. Hier wird die Voraussetzung $x > z$ benötigt, woraus $z - x < 0$ folgt.
An der Zehnerstelle : $10 + (y - 1) - y = 9$. 10, weil wir uns ja wegen $y - 1 - y < 0$ ($y - 1$, weil wir uns ja eben einen Zehner für die Einer geborgt haben) einen Hunderter borgen müssen.
An der Hunderterstelle : $(x - 1) - z$, ($x - 1$, da wir einen Hunderter an die Zehner abgegeben haben).
Für die Differenz gilt : $100 \cdot (x - 1 - z) + 10 \cdot 9 + 10 + z - x = 99 \cdot x - 99 \cdot z = 99 \cdot (x - z)$. Wenn sich Hunderter- und Einerziffer nur um 1 unterscheiden, dann ist die Differenz 99, bei der wir an der Hunderterstelle 0 ergänzen, also 099 schreiben und damit weiter rechnen.
Die Differenz hat die Ziffernfolge: $(x - 1 - z)$ 9 $(10 + z - x)$.
Wir drehen diese Ziffernfolge um : $(10 + z - x)$ 9 $(x - 1 - z)$.
Wir addieren und erhalten : $100 \cdot (x - 1 - z + 10 + z - x) + 2 \cdot 9 \cdot 10 + (x - 1 - z) + (10 + z - x) = 100 \cdot 9 + 180 + 9 = 900 + 180 + 9 = 1\,089$, wie behauptet.
Der Fall $x < z$ wird genauso behandelt, nur dass wir hier bei der Subtraktion von der Zahl in der 2. Zeile die Zahl der 1. Zeile abziehen müssen, was sich Lesende an einem konkreten Beispiel klar machen können. Die formalen Überlegungen folgen analog.
Im Fall $x = z$ ist das Borgen des Zehners nicht erforderlich. Die Rechnung gestaltet sich dann auch ganz anders, was Lesende leicht selber nachvollziehen können. Wir erhalten in diesem Fall 000, also

0 als Endergebnis, so dass die Voraussetzung $x \neq z$ wichtig ist, wenn man immer nur das Endergebnis 1 089 haben will.

Die Beweisanalyse hat ergeben, dass nur die Bedingung $x \neq z$ erfüllt sein muss, Dann erhalten wir alle Lösungen dieser Aufgabe mit dem Endergebnis 1 089. In den mir vorliegenden Formulierungen dieser Aufgabe wurden von Perelman oder aber den Übersetzern/Bearbeitern stärkere Einschränkungen für x und z gefordert, die jedoch mathematisch nicht erforderlich sind. Diese Einschränkungen sollen allerdings bewirken, dass an der Hunderterstelle der umgedrehten Ausgangszahl sowie bei der Differenz nie die Ziffer 0 steht, so dass dort immer eine echte 3-stellige Zahl steht.

Aufgabe 5 aus Kapitel 11 verpackt in ein Gedicht
(Verfasser unbekannt) : **Der Liebesbeweis**
Die schöne Frau, die ich verehre,
will einen Hain zu ihrer Ehre.
Es sollen neunzehn Linden sein,
gepflanzt in neun geraden Reihn,
und weiter müssen fünf der Linden
in jeder Reihe sich befinden.
Kein Scherz ! Sie geht mir aus dem Haus,
find ich die Lösung nicht heraus.

Anmerkung : Dem Manne kann geholfen werden. Hoffentlich erkennt die schöne Frau, dass die auf der nächsten Seite folgende wunderschön symmetrische Lösung genau ihrem Wunsch entspricht. Oder muss sie erst mit einem Ballon in die Luft gehen oder eine Drohne einsetzen, um einen besseren Überblick über die Pflanzung zu haben ? Lesenden sei empfohlen, beim Betrachten des Bildes Zeile für Zeile des Gedichtes durchzugehen und sich zu überzeugen, dass es tatsächlich eine Lösung der gestellten Aufgabe ist.

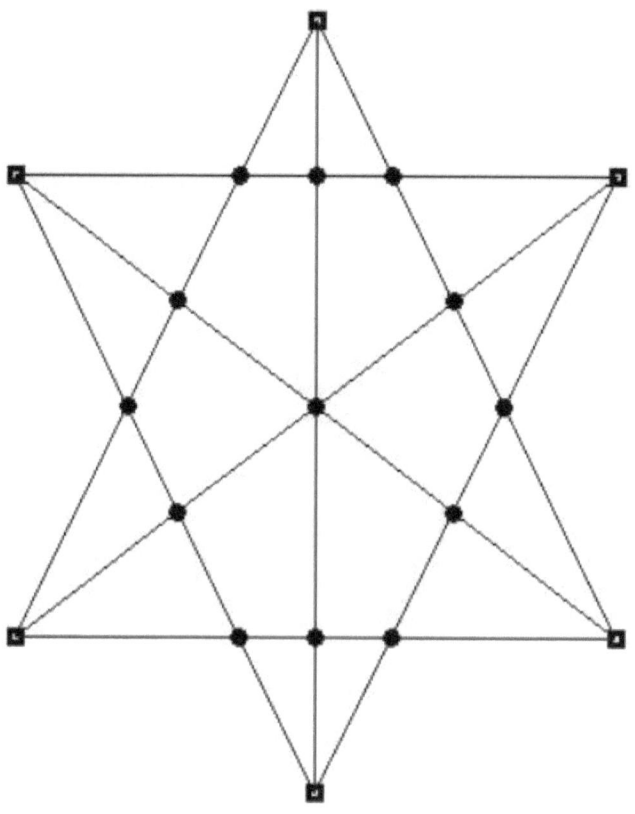

An den Stellen ● und ▪ sollen Bäume gepflanzt werden.

Kapitel 21 : Zitate

Für die Wahrheitssuchenden ist nichts wichtiger als die Wahrheit selbst, und man sollte die Wahrheit nicht geringschätzen oder von oben auf die herabschauen, die die Wahrheit ausgesprochen haben oder sie überbrachten. Wegen der Wahrheit darf man niemanden erniedrigen, im Gegenteil, die Wahrheit veredelt jeden.

(Al-Kindi, ca. 800 – 873)

Das Denken gehört zu den größten Vergnügungen der menschlichen Rasse.

(Bert Brecht, 1898 – 1956)

Gott ist ein Kind, und als er zu spielen begann, trieb er Mathematik.
Sie ist die göttlichste Spielerei unter den Menschen.
(Vinzenz Erath, 1906 - 1976)

In dieser Welt ist nichts gewiss, außer dem Tod und den Steuern.

(Benjamin Franklin, 1706 - 1790)

Man kann sich für Zahlentheorie, algebraische Geometrie und Kategorien begeistern und doch einsehen, wie unendlich ärmer die Mathematik ohne die Anregungen wäre, die ihr von den Anwendungen zugeflossen sind. Die Mathematik hat als nützliche Tätigkeit angefangen, und sie ist heute nützlicher , als sie je gewesen ist. Man kann sagen : sie wäre nicht, wenn sie nicht nützlich wäre.
(Hans Freudenthal, 1905 - 1990)

Die Mathematik ist die Königin der Wissenschaften und die Arithmetik die Königin der Mathematik.

Die Regeln der Arithmetik, die vor Tausenden von Jahren aufgestellt wurden, erhalten auch in der Epoche der modernen Mathematik ihre Kraft und werden buchstäblich bei jedem Schritt benutzt.
(Boris Wladimirowitsch Gnedenko, 1912 - 1995)

Die Mathematiker sind wie Franzosen. Man erzählt ihnen eine Geschichte. Sie übersetzen es in ihre Sprache und flugs ist es etwas ganz anderes geworden.

(Johann Wolfgang von Goethe)

Und merk Dir ein für allemal den wichtigsten von allen Sprüchen : Es liegt Dir kein Geheimnis in der Zahl, allein ein großes in den Brüchen. (Johann Wolfgang von Goethe, 1749 - 1832)

Der Mathematiker ist nur solange vollkommen, als er das Schöne des Wahren in sich empfindet. (Johann Wolfgang von Goethe)

Das Gewebe dieser Welt ist aus Notwendigkeit und Zufall gebildet. (Johann Wolfgang von Goethe)

Das Unendliche hat wie keine andere Frage von jeher so tief das Gemüt des Menschen bewegt; das Unendliche hat wie kaum eine andere Idee auf den Verstand so anregend und fruchtbar gewirkt; das Unendliche ist aber auch wie kein anderer Begriff so der Aufklärung bedürftig.

Bei den Bezeichnungen ist darauf zu achten, dass sie für das Erfinden bequem sind. Dies ist am meisten der Fall, wenn sie die innerste Natur der Sache mit Wenigem ausdrücken und gleichsam abbilden. So wird nämlich auf wunderbare Weise die Denkarbeit vermindert.

Die beste von allen Sprachen ist eine künstliche Sprache, eine ziemlich gedrängte Sprache, die Sprache der Mathematik.

(Nikolai Iwanowitsch Lobatschewski, 1792 - 1856)

Ich glaube, dass sich die Studierenden von diesen Künsten durch das Vorurteil, sie seien zu schwer abschrecken lassen. Was die Anfangsgründe des Rechnens betrifft, die ja gewöhnlich schon in der Schule getrieben und im täglichen Leben angewandt werden, so sind die gewaltig im Irrtum, die sie für äußerst schwierig halten. Diese Wissenschaft entspringt unmittelbar dem Menschengeist und lässt sich völlig klar dartun. Deshalb können ihre Anfangsgründe gar nicht dunkel und schwer sein, sie sind im Gegenteil so durchsichtig, dass Kinder sie begreifen können, weil ja alles so natürlich vor sich geht. Die Regeln des Vervielfachens und Teilens allerdings erfordern viel mehr Fleiß, aber ihr Sinn wird doch bald von den Aufmerksameren eingesehen werden.

Die Beschäftigung mit der Mathematik erzieht zu objektivem Denken, sie wehrt der unzulässigen Verallgemeinerung, sie bewirkt eine Präzision der Sprache. (Herbert Meschkowski, 1909 - 1990)

Zur Mathematik führt kein Königsweg.
(Menaichmos, 380 – 320 v. Chr.)

Die lebenswichtige Eigenschaft der Mathematik ist ihre ganz besondere Bedeutung zu den Naturwissenschaften, oder allgemeiner : zu jeder Wissenschaft, die Erfahrungen auf einer höheren Stufe als der bloß beschreibenden erörtert.

Auch der Zufall ist nicht unergründlich, er hat seine Regelmäßigkeit. (Novalis, 1772 - 1801)

Man kann ein großer Rechner sein, ohne die Mathematik zu ahnen. (Novalis)

Die Mathematik als Fachgebiet ist so ernst, dass man keine Gelegenheit versäumen sollte, sie etwas unterhaltsamer zu gestalten.

Eine mathematische Aufgabe kann manchmal genauso unterhaltsam sein wie ein Kreuzworträtsel, und angespannte geistige Arbeit kann eine ebenso wünschenswerte Übung sein wie ein schnelles Tennisspiel. (George Polya, 1887 - 1985)

Die Mathematiker wissen niemals, worüber sie reden, noch ob das, was sie reden, wahr ist.

Hohe Bildung kann man dadurch beweisen, dass man die kompliziertesten Dinge auf einfache Art zu erläutern versteht.

(George Bernard Shaw, 1856 - 1950)

Es gibt drei Arten von Lügen : Lügen, verdammte Lügen und Statistiken.

Der echte Mathematiker ist viel eher ein Künstler als ein Wissenschaftler. Er vermisst nicht einfach die Welt. Er erfindet komplizierte und spielerische Modelle ohne die geringste Aussicht auf praktische Verwendbarkeit. (Alan Watts, 1915 - 1953)

Gott existiert, weil die Mathematik widerspruchsfrei ist, und der Teufel, weil wir es nicht beweisen können.

Die Logik ist die Hygiene, deren sich der Mathematiker bedient, um seine Gedanken gesund und kräftig zu erhalten. (Hermann Weyl)

Math is like Ophelia in Hamlet - charming and a little bit mad.
(Alfred North Whitehead, 1861 - 1947)

Literatur (Auswahl)

„Sage mir Deinen Namen und ich sage Dir, wie Du heißt."
(Schild einer Wahrsagerin auf dem Jahrmarkt).

Jodokus Rauschebart : „Sage mir die Titel der Bücher auf Deinem Schreibtisch und ich sage Dir, was Du liest."

Hubert Cremer : Carmina Mathematica. Aachen, TU 1962

B. Kutzler : Mathematikerwitze&Mathematikwitze. Linz (Österr.), bk teachware 2006

Ewald Oetzel/W. Polte : Der gescholtene Thales. Frankfurt/M, Harri Deutsch 1989

Alfred Schreiber : Die Leier des Pythagoras. Wiesbaden, Vieweg+Teubner 2010

Simon Singh : Homers letzter Satz. dtv München 2013, ISBN 978-3-423-34847-8

Hans Heinrich Vogt : Das lachende Labor. Köln, Aulis 1976

Friedrich Wille : Humor in der Mathematik. Göttingen, Vandenhoek&Ruprecht 1987

Weitere interessante Literatur ist in der hier zitierten Literatur zu finden.

Das Internet bietet eine Fülle von weiteren Quellen. Zwei seien besonders erwähnt :
https://www.spektrum.de/lexikon/mathematik/humor-in-der-mathematik/4071
https://www. Mathematik.ch/witze/
Einige interessante Quellen, die ich vor Jahren eingesehen habe, sind leider nicht mehr auffindbar.

Die geometrischen Bilder und grafischen Darstellungen wurden mit Euklid/Dynageo oder Mathematik alpha am eigenen PC erstellt und als Bildschirmgrafik abgespeichert. Briefmarken aus der eigenen Motivsammlung, der Wunschliste und eigene Vorlagen wurden eingescannt. Die restlichen Bilder stammen aus dem Internet, Quellen werden genannt, soweit bekannt.

Jodokus Rauschebart genießt seinen wohlverdienten Ruhestand,
studierte Mathematik, Physik und mathematische Logik,
war Fachlehrer für Mathematik und Physik an einem Gymnasium,
war Fachberater für Mathematik in der Schulaufsicht,
hatte einen Universitäts-Lehrauftrag für Didaktik der Mathematik,
hielt Vorträge und veröffentlichte über Mathematikunterricht.

Von Jodokus Rauschebart sind bei BoD ebenfalls als Buch und E-Book erschienen :
„Lachen über Wissenschaften und das tägliche Leben",
ISBN 978-3-848 212 576 (Buch),
ISBN 978-3-769 387 452 (E-Book).

Von Jodokus Rauschebart sind bei BoD nur als E-Book erschienen :
„Strandgut – vom Strandvogt aufgesammelt."
ISBN 978-3-752 639 261,
„Lachen über Mathematik und anderer Unfug"
ISBN 978- 3-738 625 837